Kroki do **Wolności w Chrystusie**

PEŁNA EWANGELIA

Bóg stworzył Adama i Ewę na swój obraz i podobieństwo. Obydwoje byli żywi zarówno fizycznie, jak i duchowo. To, że byli żywi duchowo oznaczało, że ich dusze były w jedności z Bogiem. Żyjąc w relacji zależności od Ojca w niebie mieli panować nad ptactwem niebieskim, nad rybami morskimi i nad wszelkimi zwierzętami, które poruszają się po ziemi. Byli akceptowani, bezpieczni i mieli znaczenie. Jednakże, działając niezależnie od Boga, zdecydowali się być Mu nieposłuszni, a ich decyzja, by zgrzeszyć, oddzieliła ich od Boga. Natychmiast odczuli strach, niepokój, przygnębienie i niepewność. Ponieważ Ewa została zwiedziona przez szatana i ponieważ Adam zgrzeszył, wszyscy ich potomkowie rodzą się żywi fizycznie, ale martwi duchowo (Efezjan 2,1). Ponieważ wszyscy zgrzeszyli (Rzymian 3,23), ci, którzy trwają w oddzieleniu od Boga, będą zmagać się z osobistymi i duchowymi problemami. Poprzez swój bunt szatan podstępnie przejął autorytet i stał się bogiem tego świata. Jezus mówił o nim jako o władcy tego świata, a apostoł Jan napisał, że cały świat spoczywa w mocy złego (1Jana 5,19).

Jezus przyszedł, aby zniszczyć dzieła diabła (1Jana 3,8) i wziąć na siebie grzechy świata. Umierając za nasze grzechy, Jezus zniszczył barierę pomiędzy Bogiem, a tymi, którzy zostali stworzeni na Jego obraz. Zmartwychwstanie Jezusa przyniosło nowe życie tym, którzy Mu zawierzyli. Dusza każdego nowonarodzonego człowieka wraca do jedności z Bogiem. Nowy Testament najczęściej opisuje to wydarzenie używając zwrotów "w Nim", albo "w Chrystusie". Apostoł Paweł wyjaśnia, że każdy, kto jest w Chrystusie, jest nowym stworzeniem (2Koryntian 5,17). Apostoł Jan napisał: "Tym zaś, którzy Je przyjęli, dało moc stania się dziećmi Bożymi, tym, którzy wierzą w Jego imię" (Jana 1,12), napisał też: "Zobaczcie, jaką miłością obdarzył nas Ojciec: zostaliśmy nazwani dziećmi Bożymi i nimi jesteśmy" (1Jana 3,1).

Żaden twój wysiłek nie może cię zbawić, ani też nie dokona tego żadna religijna aktywność, bez względu na to jak byłaby ona szczera. Jesteśmy zbawieni przez wiarę, to znaczy przez to, w co decydujemy się wierzyć. Pozostaje nam tylko zaufać dokonanemu dziełu Chrystusa. "Łaską przecież jesteście zbawieni przez wiarę. Nie od was więc to pochodzi, lecz jest darem Boga. Nie z powodu uczynków, aby się nikt nie chlubił" (Efezjan 2,8–9). Jeśli jeszcze nie przyjąłeś Jezusa jako swojego Pana i Zbawiciela, możesz zrobić to teraz . Bóg zna myśli i zamiary twojego serca, więc musisz zaufać tylko Bogu. Swoją decyzję możesz wyrazić następującą modlitwą:

Drogi Ojcze w niebie, dziękuję Ci za to, że posłałeś Jezusa, żeby umarł za moje grzechy. Wyznaję, że zgrzeszyłem i nie mogę sam siebie zbawić. Wierzę, że Jezu przyszedłeś, aby dać mi życie i przez wiarę decyduję się teraz przyjąć Cię do mojego życia jako mojego Pana i Zbawiciela. Niech moc zamieszkującej we mnie Twojej obecności pomoże mi być taką osobą, jaką mnie stworzyłeś, abym był. Modlę się o to, żebyś pomógł mi pokutować, co doprowadzi mnie do poznania prawdy tak, abym doświadczył wolności w Chrystusie I przemienił się przez odnowienie umysłu. Modlę sie w najdroższym imieniu Jezusa. Amen.

PEWNOŚĆ ZBAWIENIA

Paweł napisał „Jeśli więc swoimi ustami wyznasz, że Panem jest Jezus, i uwierzysz w swoim sercu, że Bóg wskrzesił Go z martwych, będziesz zbawiony" (Rzymian 10,9). Czy wierzysz, że Bóg Ojciec wskrzesił Jezusa z martwych? Czy poprosiłeś Jezusa, aby był twoim Panem i Zbawicielem? W takim razie teraz jesteś dzieckiem Bożym i nic nie może oddzielić cię od miłości Chrystusa (Rzymian 8,35). „A świadectwo to jest następujące, Bóg dał nam życie wieczne, a życie to jest w Jego Synu. Ten, kto ma Syna, ma życie, a kto nie ma Syna Bożego, nie ma życia" (1 Jana 5,11–12). Twój Ociec Niebieski posłał swojego Ducha Świętego, aby świadczył wespół z twoim duchem, że jesteś dzieckiem Boga (Rzymian 8,16). „W Nim … zostaliście opieczętowani obiecanym Duchem Świętym" (Efezjan 1,13). Duch Święty wprowadzi cię we wszelką prawdę (Jana 16,13).

ROZWIĄZANIE OSOBISTYCH I DUCHOWYCH PROBLEMÓW

Skoro wszyscy urodziliśmy się martwi (duchowo) w naszych przestępstwach i grzechach (Efezjan 2,1), nie mieliśmy obecności Bożej w naszym życiu, ani poznania Jego dróg. W konsekwencji wszyscy nauczyliśmy się żyć niezależnie od Boga. Kiedy staliśmy się nowym stworzeniem w Chrystusie, nasz umysł nie odnowił się natychmiastowo. Dlatego też Paweł napisał: „Nie dostosowujcie się do tego świata, ale dajcie się przemienić przez odnowienie myśli, abyście potrafili rozpoznać, co jest wolą Boga, co jest dobre, co Mu się podoba i co jest doskonałe" (Rzymian 12,2). Dlatego też nowonarodzony chrześcijanin zmaga się z wieloma starymi myślami i nawykami. Jego umysł został wcześniej zaprogramowany, żeby żyć niezależnie od Boga. Jest to podstawowa cecha charakterystyczna naszego ciała. Jako nowe stworzenia w Chrystusie mamy umysł Chrystusa, a Duch Święty wprowadza nas we wszelką prawdę.

Aby doświadczyć wolności w Chrystusie i wzrastać w łasce Bożej, musimy pokutować, a to dosłownie oznacza zmianę umysłu (Jakub 4,7). Kroki do wolności w Chrystusie (Kroki) powstały, aby ci w tym pomóc. Bardzo ważną kwestią jest poddanie się Bogu. On jest Cudownym Doradcą i tym, który daje łaskę pokuty prowadzącej do poznania prawdy (2Tymoteusza 2,25). Kroki zajmują się siedmioma kluczowymi kwestiami, które wpływają na naszą relację z Bogiem. Nie doświadczymy wolności w Chrystusie jeśli będziemy podążać za niewłaściwym przewodnikiem, będziemy wierzyć w kłamstwa, nie przebaczymy innym, jak nam przebaczono, będziemy żyć w buncie, odnosić się do innych z dumą, nie uznamy własnego grzechu i będziemy trwać w grzechach naszych przodków. „Temu, kto ukrywa swoje grzechy, będzie się źle powodzić, kto je wyznaje i porzuca, doświadczy miłosierdzia" (Przysłów 28,13). „Tego rodzaju służbę mamy z miłosierdzia, dlatego też nie upadamy na duchu, lecz unikamy ukrywania tego, co wstydliwe. Nie stosujemy żadnych wybiegów ani nie fałszujemy Słowa Boga, ale, jawnie głosząc prawdę, poddajemy siebie samych w obliczu Boga osądowi sumienia wszystkich ludzi" (2Koryntian 4,1–2).

Pomimo tego, że szatan jest pokonany, nadal rządzi tym światem poprzez zastępy demonów, które kuszą, oskarżają, i zwodzą tych, którzy nie ubrali zbroi bożej, nie stoją mocno w wierze i nie poddają każdej myśli w posłuszeństwo Chrystusowi. Nasza pozycja i tożsamość w Chrystusie są naszym schronieniem. Mamy wszelką pomoc potrzebną ku temu, żeby żyć zwycięskim życiem, ale jeśli nie przyjmiemy naszej odpowiedzialności i ustąpimy szatanowi, będziemy spożywać konsekwencje naszych grzesznych postaw i czynów. Dobrą nowiną jest to, że możemy pokutować i odzyskać to, co mamy w Chrystusie. W tym właśnie pomogą Ci Kroki.

PRZEJŚCIE PRZEZ KROKI

Zanim przejdziesz przez Kroki najlepiej przejść przez kurs Wolność w Chrystusie, albo przeczytać książki „Zwycięstwo nad ciemnością" czy „Kruszący kajdany". Misja Freedom In Christ Ministries (www.ficmint-ernational.org) udostępnia książki, nagrania audio i wideo oraz inne materiały. Przez Kroki najlepiej jest przechodzić razem z doświadczoną osobą, która będzie dla ciebie wsparciem. Możesz też przejść przez Kroki samodzielnie. Nie będziesz miał z tym problemu, ponieważ każdy krok jest wyjaśniony. Proponuję, abyś znalazł odosobnione miejsce, żeby móc przechodzić przez Kroki na głos. Jeśli pojawią się jakieś zakłócające myśli, po prostu zignoruj je i idź dalej. Myśli takie jak: To nie będzie działać, Nie wierzę w to, lub bluźniercze, potępiające czy oskarżające myśli nie mają nad tobą żadnej mocy, dopóki nie uwierzysz w nie. Są to tylko myśli i nie ma znaczenia czy pochodzą od ciebie, czy z zewnątrz, od szatana, czy demonów. Odejdą kiedy przejdziesz przez proces pokuty. Jeśli przechodzisz przez Kroki z osobą towarzyszącą, powiedz jej o wszelkim umysłowym, czy duchowym sprzeciwie, którego doświadczasz. Umysł jest centrum dowodzenia i dopóki go kontrolujesz, nie stracisz kontroli podczas tego spotkania uwalniającego. Jeśli doświadczasz umysłowego prześladowania, najlepiej jest się tym podzielić. Wystawienie kłamstw na światło dzienne, łamie ich moc.

Apostoł Paweł napisał: „Sam szatan przybiera postać anioła światłości" (2Koryntian 11,14). Niektórzy z nas mogą mieć myśli lub słyszeć głosy, które podają się za przyjazne, proponują towarzystwo, lub podają się za pochodzące od Boga. Mogą nawet wyznawać, że Jezus jest Panem, ale nie mogą powiedzieć, że Jezus jest ich Panem. Jeśli masz jakiekolwiek wątpliwości co do ich pochodzenia, na głos poproś Boga, aby pokazał ci prawdziwą naturę tych duchowych przewodników. Nie potrzebujesz żadnego innego duchowego przewodnika poza Duchem Świętym.

Pamiętaj, że jesteś dzieckiem Boga posadzonym w okręgach niebieskich (duchowe królestwo). Znaczy to, że masz autorytet i moc, żeby wypełniać jego wolę. Nie Kroki cię uwolnią. To Jezus nas uwalnia i z czasem zaczniesz doświadczać tej wolności jeśli przyjdziesz do Niego z wiarą i pokutą. Nie martw się możliwymi demonicznymi zakłóceniami, większość nie doświadcza ich wcale. Nie ma znaczenia, czy szatan odgrywa małą, czy dużą rolę, najważniejsza jest twoja relacja z Bogiem i to, z czym się rozprawiasz. Jest to posługa uwolnienia. Kiedy już się z tym rozprawisz, szatan nie będzie miał prawa pozostać. Pomyślne ukończenie procesu pokuty to jeszcze nie koniec. To jest dopiero początek wzrostu. Aczkolwiek dopóki nie rozprawisz się z tymi kwestiami, proces wzrostu będzie zatrzymany, a twoje życie chrześcijańskie będzie w stagnacji.

BURZENIE WAROWNI W UMYŚLE

Wypisz na kartce papieru wszystkie błędne przekonania i kłamstwa, które pojawią się podczas Kroków, szczególnie te dotyczące ciebie i Boga. Kiedy skończysz na głos wypowiedz każde z nich, mówiąc: wyrzekam się kłamstwa, że (to, w co wierzyłeś) i ogłaszam prawdę, że (to, w co decydujesz się teraz wierzyć, a co jest prawdą opartą na Bożym Słowie). Jeśli masz kogoś, kto towarzyszy ci w tym procesie, może warto, aby on zatrzymał tą listę. Skoro mamy przemieniać się przez odnowienie umysłu (Rzymian 12:2), proponujemy, żeby przez czterdzieści dni powtarzać ten proces wyrzekania się kłamstw i ogłaszania prawdy. Bardzo łatwo jest powrócić do starych, cielesnych wzorców, kiedy jesteśmy kuszeni.

PRZYGOTOWANIE

Przejście przez Kroki odegra kluczową rolę w twoim procesie upodabniania się do Jezusa, po to, abyś mógł być uczniem przynoszącym owoce. Celem jest mocne zakorzenienie się w Chrystusie. Ustalenie tożsamości i przyjęcie wolności w Chrystusie nie zajmie dużo czasu, ale nie ma czegoś takiego, jak natychmiastowa dojrzałość. Odnowa umysłu i dostosowanie się do obrazu Boga to proces zajmujący całe życie. Niech Bóg obdarzy cię swoją obecnością, kiedy będziesz szukał Jego woli. Kiedy już przyjąłeś swoją wolność w Chrystusie, możesz pomagać innym, aby oni też doświadczali radości zbawienia.

Teraz jesteś już gotowy, aby rozpocząć Kroki poprzez modlitwę i deklarację, które znajdują się poniżej:

MODLITWA

> **Drogi Ojcze w niebie jesteś obecny w tym pokoju i w moim życiu. Tylko Ty jesteś wszechwiedzący, wszechmocny i wszechobecny i tylko Ciebie uwielbiam. Ogłaszam moją zależność od Ciebie, ponieważ poza Tobą nic nie mogę. Decyduję się wierzyć Twojemu Słowu, które naucza, że cały autorytet w niebie i na ziemi należy do zmartwychwstałego Chrystusa. Żyjąc w Chrystusie mam moc, aby stawić opór diabłu i poddać się Tobie. Proszę, żebyś wypełnił mnie Twoim Duchem Świętym i wprowadził mnie w całą prawdę. Proszę o Twoją całkowitą ochronę i prowadzenie kiedy będę szukał Ciebie i Twojej woli. Modlę się o to w cudownym imieniu Jezusa. Amen.**

DEKLARACJA

W imieniu i z upoważnienia Pana Jezusa Chrystusa, nakazuję szatanowi i wszelkim złym duchom uwolnić mnie abym miał/a wolność pozwalającą poznawać wolę Boga i podejmować decyzje by ją wypełniać. Jako dziecko Boże, zasiadające na wyżynach niebieskich z Chrystusem, ogłaszam, że każdy wróg Pana Jezusa Chrystusa jest związany w mojej obecności. Bóg nie dał mi ducha bojaźni, dlatego też odrzucam wszystkie jakiekolwiek potępiające, oskarżające i bluźniercze myśli, jak również zwodnicze duchy strachu. Szatan i jego demony nie mogą zadawać mi żadnego bólu, czy powstrzymać mnie przed wypełnieniem Bożej woli w moim życiu, ponieważ należę do Pana Jezusa Chrystusa.

PRZEGLĄD ŻYCIA

Zanim przejdziesz przez Kroki, przyjrzyj się następującym wydarzeniom z twojego życia, aby rozpoznać, z którymi z nich musisz się rozprawić.

Historia rodzinna

- Religijna historia rodziców i dziadków
- Życie rodzinne, od dzieciństwa po szkołę średnią
- Historia chorób fizycznych i psychicznych
- Adopcja, rodzina zastępcza, opiekunowie

Historia Osobista

- Nawyki żywieniowe (bulimia, anoreksja, nałogowe jedzenie)
- Uzależnienia (papierosy, narkotyki, alkohol, hazard)
- Przepisane leki (jakie, na co?)
- Nawyki związane ze snem i koszmary
- Gwałt lub innego rodzaju przemoc seksualna, fizyczna umysłowa i emocjonalna
- Życie myślowe (obsesyjne, bluźniercze, potępiające, rozpraszające myśli, słaba koncentracja, fantazje; myśli samobójcze, strach, zazdrość, zamieszanie, poczucie winy i wstydu)
- Rozproszenie myśli w czasie nabożeństw, modlitw czy studium biblijnego
- Emocje (gniew, niepokój, depresja, zgorzkniałość, lęki)
- I listoria osobistego zbawienia (kiedy, jak, pewność zbawienia)
- Jakiekolwiek inne przeżycie traumatyczne

KROK I
FAŁSZ KONTRA PRAWDA

Pierwszym krokiem ku wolności w Chrystusie jest wyrzeczenie się (słowne odrzucenie) wszelkiego zaangażowania się w (przeszłe lub teraźniejsze) praktyki okultystyczne, kulty, fałszywe nauczania i praktyki religijne. Musisz wyrzec się przynależności do jakiejkolwiek grupy, która odrzuca prawdę, że Jezus Chrystus jest Panem, lub która wynosi jakiekolwiek nauczanie, lub książkę do poziomu (czy ponad) Biblię. Ponadto musisz wyrzec się jakiejkolwiek grupy, która wymaga ciemnych, sekretnych inicjacji, ceremonii, ślubów, paktów lub przymierzy. Bóg nie lekceważy fałszywego przewodnictwa „Gdyby ktoś zwrócił się do tych, którzy wywołują duchy lub do tych, którzy wróżą … zwrócę Moje oblicze przeciw niemu i usunę go spośród jego ludu" (Kapłańska 20,6). Poproś Boga o prowadzenie w następujących słowach:

Drogi Ojcze w niebie, proszę przypomnij mi wszystko, co zrobiłem, świadomie lub nie, co miało związek z okultyzmem, kultami, fałszywym religijnym nauczaniem lub praktykami. Udziel mi mądrości i łaski, abym mógł wyrzec się jakichkolwiek duchowych podróbek, fałszywego religijnego nauczania i praktyk. Modlę się w imieniu Jezusa. Amen.

Pan może przypomnieć ci wydarzenia, o których mogłeś zapomnieć, nawet doświadczenia, które miałeś biorąc udział w jakichś zabawach, czy takie o których myślałeś, że są tylko na żarty. Może tylko biernie lub z ciekawością przyglądałeś się jak inni uczestniczą w fałszywych praktykach religijnych. Mamy tu na celu wyrzec się wszelkich fałszywych duchowych doświadczeń i związanych z nimi wierzeń, o których Bóg ci przypomni. Skorzystaj z poniższej listy 'Duchowych doświadczeń niechrześcijańskich'. Następnie pomódl się modlitwą zamieszczoną pod listą, aby wyrzec się każdej aktywności, lub grupy, którą Pan ci przypomni. Może On przywieść ci na myśl fałszywe duchowe doświadczenia, które nie znajdują się na liście. Zwróć uwagę, żeby wyrzec się wszystkich niechrześcijańskich religijnych praktyk, które mogły być częścią twojego kulturowego wychowania. Bardzo ważne jest to, żebyś z modlitwą wyrzekł się ich.

DUCHOWE DOŚWIADCZENIA NIECHRZEŚCIJAŃSKIE

Zaznacz te, w których brałeś udział:

- Doświadczenia poza ciałem
- Telepatia oraz kontrola innych
- Kontrola umysłu Silva
- Przesądy kojarzone z Andrzejki lub Sobótki (np. w związku z wyborem przyszłego męża)
- Przesądy kojarzone z Wigilią (np. w związku z duchami zmarłych, zdrowiem, urodą, pieniędzmi)
- Przesądy kojarzone z Wielkanocą (np. w związku z polewaniem się wodą)
- Czynności opisane w księdze związane ze spirytyzmem (np. Dziady)
- Tabliczka ouija
- Masoneria
- Buddyzm (w tym Zen)
- Czarna lub biała magia
- Karty tarota
- Seanse spirytystyczne
- Islam
- Mormonizm
- Bahaizm
- Krwawa Mary
- Transy
- Hipnoza
- Pogaństwo
- Lewitacja
- Czary/gusła
- Charlie Charlie
- Kult natury (matka ziemia)
- Duchy przewodniki
- Duchy seksu
- Reiki
- Unoszenie się stołu lub ciała
- Unitarianizm/uniwersalizm
- Pismo automatyczne
- Jasnowidzenie
- Świadkowie Jehowy (Strażnica)
- Gry okultystyczne (np. Lekki jak piórko)
- Spirytyzm/animizm/wierzenia ludowe
- Astrologia/horoskopy
- Kościół scjentologiczny
- Kanalizm/Czakramy
- Stowarzyszenie Chrześcijańskiej nauki
- Kula służąca do wróżenia (Magic eight ball)
- Różdżka/wahadełko (radiestezja)
- Reinkarnacja/regresja przeszłego życia/ kult przodków
- Hinduizm/Medytacja transcendentalna
- Przepowiadanie przyszłości/ wróżenie
- Zaklęcia oraz klątwy
- Czytanie z ręki
- Satanizm (zobacz Dodatek A)
- Pakty krwi
- Media i osoby związane z kanalizmem
- Inne: _____

Po uzupełnieniu listy wyznaj i wyrzeknij się każdej fałszywej religijnej praktyki, wierzenia, ceremonii, ślubu, lub paktu, w które byłeś zaangażowany, odmawiając na głos poniższą modlitwę. Nie spiesz się, bądź dokładny. Poświęć czas, żeby Bóg przypomniał ci każde konkretne wydarzenie, lub rytuał.

Drogi Ojcze w niebie, wyznaję, że brałem udział (konkretnie nazwij każde wierzenie, lub praktykę, które zaznaczyłeś na liście) **i wyrzekam się ich wszystkich jako fałszywych. Modlę się, żebyś wypełnił mnie swoim Duchem Świętym i abyś mnie prowadził. Dziękuję Ci za to, że w Chrystusie mam przebaczenie. Amen.**

Dodatkowe pytania, które pomogą ci uświadomić sobie fałszywe religijne doświadczenia:

Rozważ następujące pytania i używając słów tłustym drukiem wyrzeknij się wszystkiego, co Bóg przywodzi ci na myśl:

1. Czy masz lub miałeś wyimaginowanego przyjaciela, przewodnika duchowego lub "anioła", który ci proponował prowadzenie? Jeśli ma imię, to wyrzeknij się go po imieniu. **Wyrzekam się...**

2. Czy widziałeś kiedyś lub spotkałeś istoty, o których myślałeś, że są pozaziemskie? Takie zwiedzenie powinno być zidentyfikowane i powinieneś się go wyrzec. **Wyrzekam się...**

3. Czy słyszałeś kiedyś głosy w swojej głowie lub miałeś nawracające natrętne myśli, takie jak: Jestem głupi. Jestem brzydki. Nikt mnie nie kocha. Nic nie potrafię. — tak jakbyś prowadził wewnętrzną rozmowę? **Wyrzekam się wszystkich zwodniczych duchów i kłamstw, w które wierzyłem** (szczególnie kłamstw, że ...)

4. Czy kiedykolwiek byłeś zahipnotyzowany, uczestniczyłeś w seminarium New Age, byłeś na spotkaniu z jasnowidzem, medium, czy spirytystą? Wyrzeknij się wszystkich fałszywych proroctw czy przewodnictwa, które ci oferowali. **Wyrzekam się......**

5. Czy kiedykolwiek zawarłeś tajemne przymierze, lub złożyłeś śluby jakiejkolwiek organizacji, osobie, innemu bogowi, lub złożyłeś wewnętrzny ślub sprzeczny ze Słowem Bożym (na przykład: nigdy nie będę...) ? Wyrzeknij się tego teraz. **Wyrzekam się...**

6. Czy miałeś jakiś związek z jakimkolwiek rytuałem satanistycznym lub brałeś udział w koncercie, gdzie szatan był w centrum? W dodatku A znajduje się pełne rozwiązanie. **Wyrzekam się......**

7. Czy kiedykolwiek składałeś ofiary fałszywym bogom, bożkom, duchom? Wyrzeknij się każdego z nich. **Wyrzekam się......**

8. Czy kiedykolwiek brałeś udział w fałszywym religijnym obrządku lub wszedłeś do niechrześcijańskiej świątyni, co wymagałoby od ciebie wykonania pewnych obrzędów religijnych takich jak umycie rąk, zdjęcie butów? Wyznaj swój udział i wyrzeknij się udziału w jakimkolwiek fałszywym kulcie. **Wyznaję ... i wyrzekam się ...**

9. Czy kiedykolwiek konsultowałeś się z szamanem lub znachorem w celu manipulowania światem duchowym, rzucania przekleństw, uzyskania psychicznego uzdrowienia lub przewodnictwa? Wszystkich tych praktyk trzeba się wyrzec. **Wyrzekam się ...**

10. Czy kiedykolwiek kontaktowałeś się ze zmarłym w celu wysłania lub odebrania wiadomości? Wyrzeknij się tych praktyk. **Wyrzekam się......**

KROK 2
ZWIEDZENIE KONTRA PRAWDA

Życie chrześcijańskie jest życiem wiary w to, co Bóg mówi, że jest prawdą. Jezus jest prawdą, Duch Święty jest Duchem prawdy, Słowo Boże jest prawdą, a my mamy mówić prawdę w miłości (Jana 14,6; 16,3; 17,17; Efezjan 4,15). Biblijną odpowiedzią na prawdę jest wiara, bez względu na to, czy czujemy, że jest ona prawdą, czy nie. Chrześcijanie powinni porzucić wszelkie kłamstwo, zwiedzenie, półprawdy i wszystko, co wiąże się z nieprawdą. Wiara w kłamstwa będzie trzymać nas w niewoli. Decyzja, aby wierzyć prawdzie, uwalnia nas (Jana 8,32). Dawid napisał: „Szczęśliwy człowiek…który nie nosi w sobie zdrady." (Psalm 32,2). Wyzwolony chrześcijanin ma wolność, żeby chodzić w świetle i mówić prawdę w miłości.

Przed Bogiem możemy być szczerzy i przejrzyści, ponieważ On już nam przebaczył i zna nasze myśli jak i zamiary naszych serc (Hebrajczyków 4,13). Dlaczego więc nie mielibyśmy być przed Nim szczerzy i wyznać Mu nasze grzechy? Wyznanie oznacza zgodzenie się z Bogiem. Zniewoleni ludzie są zmęczeni życiem w kłamstwie. Dzięki ogromnej Bożej miłości i przebaczeniu możemy chodzić w światłości i we wspólnocie z Bogiem i innymi (1Jana 1,7-9). Rozpocznij swoje oddanie się prawdzie przez odmówienie na głos poniższej modlitwy. Nie pozwól, aby jakiekolwiek myśli typu: to jest strata czasu, chciałbym w to uwierzyć, ale nie mogę, powstrzymały cię. Jeśli będziesz polegać na Bogu, to On cię wzmocni.

Drogi Ojcze w niebie, Ty jesteś prawdą, a ja pragnę żyć wiarą w to, co według Ciebie jest prawdą. Prawda mnie uwolni, ale ja zostałem zwiedziony na wiele sposobów przez ojca kłamstwa, filozofie tego upadłego świata i również zwodziłem sam siebie. Przypatrując się dziedzinom, w których mogę być zwiedziony, zapraszam Ducha Prawdy, aby wprowadził mnie we wszelką prawdę. Proszę, chroń mnie przed wszelkim zwiedzeniem. „Przeniknij mnie, Boże, poznaj moje serce, doświadcz mnie i poznaj moje myśli. Zobacz, czy nie idę drogą niegodziwą, poprowadź mnie swą drogą odwieczną." (Psalm 139,23–24). Modlę się w imieniu Jezusa. Amen.

Przeglądnij z modlitwą listy zawarte w trzech poniższych ćwiczeniach. Na końcu każdego ćwiczenia użyj modlitwy, aby wyznać wszystkie sytuacje, w których poddałeś się zwiedzeniu lub błędnie broniłeś sam siebie. Nie możesz natychmiastowo odnowić swojego umysłu, ale ten proces nawet się nie rozpocznie bez rozpoznania warowni w twoim umyśle lub mechanizmów obronnych, znanych również jako fałszywe wzorce.

JAK MOŻE ZWIEŚĆ NAS ŚWIAT

- ❑ Wiara w to, że obfitość pieniędzy i innych dóbr uszczęśliwi cię (Mateusza 13,22; 1Tymoteusza 6,10)
- ❑ Przekonanie, że jedzenie, alkohol czy narkotyki pomogą nam zmniejszyć stres i uszczęśliwią nas (Przysłów 23,19- 21)
- ❑ Przekonanie, że atrakcyjne ciało, udawana osobowość lub wizerunek zaspokoją naszą potrzebę akceptacji i nadadzą nam znaczenia (Przysłów 31,10; 1Piotra 3,3–4)
- ❑ Przekonanie, że zaspokajanie seksualnego pożądania przyniesie długotrwałą satysfakcję bez jakichkolwiek negatywnych konsekwencji (Efezjan 4,22; 1Piotra 2,11)
- ❑ Przekonanie, że mogę grzeszyć i nie dosięgną mnie negatywne konsekwencje (Hebrajczyków 3,12–13)
- ❑ Przekonanie, że potrzebuję czegoś więcej niż Jezusa, aby zaspokoić potrzebę akceptacji, bezpieczeństwa, znaczenia (2Koryntian 11,2–4,13–15)
- ❑ Przekonanie, że mogę robić, co chcę nie zważając na innych i nadal być wolnym (Przysłów 16,18; Abdiasza 3, 1Piotra 5,5)
- ❑ Przekonanie, że ludzie, którzy odrzucają Jezusa i tak pójdą do nieba (1Koryntian 6,9–11)
- ❑ Wiara w to, że mogę utożsamiać się ze złym otoczeniem i nie ulec zepsuciu (1Koryntian 15,33– 34)
- ❑ Wiara w to, że mogę czytać, oglądać czy słuchać czegokolwiek i nie ulec zepsuciu (Przysłów 4,23–27; Mateusza 5,28)
- ❑ Wiara w to, że grzech nie ma ziemskich konsekwencji (Galatów 6,7–8)
- ❑ Przekonanie, że muszę zdobyć akceptację konkretnych ludzi, żeby być szczęśliwym (Galatów 1,10)
- ❑ Przekonanie, że muszę osiągnąć pewne religijne standardy, żeby Bóg mnie zaakceptował (Galatów 3,2–3; 5,1)
- ❑ Przekonanie, że do Boga prowadzi wiele dróg, a Jezus jest tyko jedną z nich (Jana 14,6)
- ❑ Wiara w to, że muszę sprostać świeckim standardom, aby dobrze się czuć (1Piotra 2,1–12)

Drogi Ojcze w niebie, wyznaję, że sam się zwodziłem przez (wyznaj wszystko, co zaznaczyłeś w powyższej liście). **Dziękuję Ci za Twoje przebaczenie, decyduję się wierzyć Twojemu Słowu i Jezusowi, który jest Prawdą. Modlę się w imieniu Jezusa. Amen.**

JAK MOŻNA ZWODZIĆ SAMEGO SIEBIE

- ❑ Słuchanie Słowa Bożego, ale nie wykonywanie tego, co mówi (Jakub 1,22)
- ❑ Twierdzenie, że nie popełniło się grzechu (1Jana 1,8)
- ❑ Uważanie się za kogoś, kim się nie jest (Galatów 6,3)
- ❑ Przekonanie, że jest się mądrym na tym świecie (1Koryntian 3,18–19)
- ❑ Uważanie się za religijnego, a nie kontrolowanie swego języka (Jakub 1,26)
- ❑ Przekonanie, że to Bóg jest źródłem moich problemów (Lamentacje 3,1–24)
- ❑ Przekonanie, że mogę osiągnąć w życiu sukces bez niczyjej pomocy (1Koryntian 12,14–20)

Drogi Ojcze w niebie, wyznaję, że sam się zwodziłem przez (wyznaj wszystko, co zaznaczyłeś w powyższej liście). **Dziękuję Ci za Twoje przebaczenie i decyduję się wierzyć w Twoją prawdę. Modlę się w imieniu Jezusa Amen.**

BŁĘDNE MECHANIZMY OBRONNE

- ❏ Zaprzeczanie rzeczywistości (świadome lub nieświadome)
- ❏ Fantazje (ucieczka od rzeczywistości w marzenia, TV, filmy, muzykę, komputer lub gry wideo, narkotyki lub alkohol)
- ❏ Izolacja emocjonalna (odsuwanie się od ludzi lub dystansowanie się, aby uniknąć odrzucenia)
- ❏ Regresja (powrót do bezpieczniejszych czasów)
- ❏ Niewłaściwie ukierunkowana złość (wyładowanie frustracji na niewinnych ludziach)
- ❏ Projekcja (przypisywanie innym tego, czego nie akceptujemy u siebie samych)
- ❏ Racjonalizacja (usprawiedliwianie swego złego postępowania)
- ❏ Kłamstwo (ochrona samego siebie poprzez fałsz)
- ❏ Hipokryzja (przedstawianie fałszywego wizerunku siebie)

Drogi Ojcze w niebie, wyznaję, że niewłaściwie broniłem się poprzez (wyznaj wszystko, co zaznaczyłeś na powyższej liście). **Dziękuję za Twoje przebaczenie. Wierzę, że będziesz mnie bronił i ochraniał. Modlę się w imieniu Jezusa. Amen.**

Niewłaściwe sposoby, których używaliśmy, żeby ochraniać samych siebie przed bólem i odrzuceniem, często są głęboko zakorzenione w naszym życiu. Możesz potrzebować dodatkowej dyscypliny / poradnictwa, aby nauczyć się jak uczynić Jezusa swoją skałą, warownią, wybawcą i ucieczką (Psalm 18,1-2). Im więcej będziesz poznawał jak kochający, potężny i opiekuńczy jest Bóg, tym większe prawdopodobieństwo, że Mu zaufasz. Im bardziej zdasz sobie sprawę z tego, jak bezwarunkowo Bóg cię kocha i akceptuje, tym bardziej będziesz wolny, żeby się otworzyć, być szczerym i odsłoniętym (na zdrowy sposób) względem Boga i innych.

Ruch New Age wykrzywił pojęcie wiary, nauczając, że możemy sprawić, że coś stanie się prawdą, po prostu w to wierząc. Nie możemy kreować rzeczywistości naszym umysłem – tylko Bóg może to robić. Naszą odpowiedzialnością jest stawić czoła rzeczywistości i zdecydować, aby wierzyć w to, co Bóg mówi, że jest prawdą, a On jest Prawdą. Wiara to coś, co decydujesz się robić, a nie to, co masz ochotę robić. Wiara w coś nie sprawia, że staje się to prawdą; to już jest prawdą, dlatego decydujemy się w to wierzyć! Prawda nie jest warunkowana tym, czy w nią wierzysz, czy nie.

Każdy idzie przez życie wierząc. Jedyną różnicą pomiędzy wiarą chrześcijańską, a wiarą niechrześcijańską jest obiekt wiary. Jeśli obiekt naszej wiary jest wiarygodny i realny, wtedy żadna ilość wiary nie jest w stanie go zmienić. Dlatego też nasza wiara powinna być zakorzeniona w solidnej skale Bożego doskonałego, niezmiennego charakteru i w prawdzie Jego Słowa.

Przez dwa tysiące lat ludzie poznawali znaczenie publicznego ogłaszania prawdy. Przeczytaj **na głos** poniższe Oświadczenia Prawdy i uważnie zastanów się nad tym, co ogłaszasz. Codzienne odczytywanie ich na głos przez co najmniej sześć tygodni pomoże ci odnowić swój umysł w prawdzie.

OŚWIADCZENIA PRAWDY

1. **Uznaję, że jest tylko jeden prawdziwy i żywy Bóg, który istnieje jako Ojciec, Syn i Duch Święty. Jako Jedyny, który wszystko stworzył i podtrzymuje jest godzien wszelkiej czci, chwały i uwielbienia.** (Zob. Wyjścia 20,2–3; Kolosan 1,16–17.)

2. **Uznaję, że Jezus Chrystus jest Mesjaszem, Słowem, które przyszło w ciele i zamieszkało między nami. Wierzę, że przyszedł, aby zniszczyć dzieła szatana, oraz że rozbroił zwierzchności i władze oraz publicznie je obnażył, zwyciężając je.** (Zob. Jana 1,1,14; Kolosan 2,15; 1Jana 3,8.)

3. **Wierzę, że Bóg okazał swoją miłość do mnie przez to, że gdy jeszcze byłem grzesznikiem, Chrystus umarł za mnie. Wierzę, że uwolnił mnie od panowania ciemności, przeniósł do swego królestwa i mam w nim odkupienie i przebaczenie grzechów.** (Zob. Rzymian 5,8; Kolosan 1,13–14.)

4. **Wierzę, że jestem dzieckiem Bożym i zasiadam z Chrystusem na wyżynach niebieskich. Wierzę, że jestem zbawiony łaską przez wiarę i że jest to dar, a nie wynik jakichkolwiek moich uczynków.** (Zob. Efezjan 2,6,8-9; 1Jana 3,1–3.)

5. **Decyduję się być mocny w Panu, mocą Jego potęgi. Nie pokładam ufności w ciele, gdyż oręż naszej walki nie jest cielesny, ale nadprzyrodzony i ma moc burzenia warowni duchowych. Nakładam pełną zbroję Bożą. Stoję mocno w mojej wierze i sprzeciwiam się złemu.** (Zob. 2Koryntian 10,4; Efezjan 6,10–20; Filipian 3,3.)

6. **Wierzę, że bez Chrystusa nie jestem w stanie nic zrobić, deklaruję więc moją całkowitą zależność od Niego. Decyduję się trwać w Chrystusie, aby przynosić owoc obfity oraz uwielbiać mojego Ojca. Ogłaszam szatanowi, że Jezus jest moim Panem. Odrzucam wszelkie fałszywe dary pochodzące od szatana i jego dzieła w moim życiu.** (Zob. Jana 15,5,8; 1Koryntian 12,3.)

7. **Wierzę, że prawda mnie wyzwoli oraz, że Jezus jest prawdą. Jeśli on mnie wyzwoli to będę prawdziwie wolny. Uznaję, że chodzenie w świetle jest jedyną drogą do prawdziwej przyjaźni z Bogiem i z ludźmi. Tak więc, sprzeciwiam się wszelkim podstępom i oszustwom szatana i biorę każdą myśl w niewolę i poddaję w posłuszeństwo Chrystusowi. Ogłaszam, że Biblia jest jedynym autorytatywnym standardem prawdy i życia.** (Zob. Jana 8,32,36; 14,6; 2Koryntian 10,5; 2Tymoteusza 3,15–17; 1Jana 1,3–7.)

8. **Decyduję się oddać moje ciało Bogu, jako żywą i świętą ofiarę, a moje członki, jako narzędzia sprawiedliwości. Decyduję się odnawiać mój umysł przez żywe Słowo Boże, abym mógł rozpoznać, co jest wolą Bożą, co jest dobre, co Mu się podoba i co jest doskonałe. Odrzucam moją starą naturę z jej złymi nawykami i przywdziewam nowe ja. Ogłaszam, że jestem nowym stworzeniem w Chrystusie.** (Zob. Rzymian 6,13; 12,1–2; 2Koryntian 5,17; Kolosan 3,9–10.)

9. **Przez wiarę decyduję się być napełnionym Duchem tak, abym mógł być prowadzony do pełni prawdy. Decyduję się postępować według Ducha i w ten sposób nie iść za pożądaniami ciała.** (Zob. Jana 16,13; Galatów 5,16; Efezjan 5,18.)

10. **Wyrzekam się wszelkich samolubnych celów i wybieram ostateczny cel jakim jest miłość. Będę posłuszny dwóm największym przykazaniom: kochać Boga, mojego Pana, całym moim sercem, całą moją duszą, całym umysłem i ze wszystkich moich sił, a bliźniego mego jak siebie samego.** (Zob. Mateusza 22,37–39; 1Tymoteusza 1,5.)

11. **Wierzę, że Pan Jezus ma wszelką władzę w niebie i na ziemi, i że On jest głową wszelkiej zwierzchności i władzy. Jestem kompletny w Nim. Wierzę, że szatan i jego demony są podległe mi w Chrystusie, gdyż jestem częścią ciała Chrystusa. Dlatego jestem posłuszny nakazowi poddania się Bogu i sprzeciwiania diabłu i nakazuję szatanowi w imieniu Jezusa Chrystusa odejść ode mnie.** (Zob. Mateusza 28,18; Efezjan 1,19–23; Kolosan 2,10; Jakub 4,7.)

KROK 3
ZGORZKNIENIE KONTRA PRZEBACZENIE

Jesteśmy powołani, abyśmy byli miłosierni tak, jak miłosierny jest nasz Ojciec w niebie (Łukasza 6,36) i przebaczali innym tak, jak nam przebaczono (Efezjan 4,31). Takie zachowanie uwalnia nas od naszej przeszłości i nie pozwala szatanowi nas wykorzystywać (2Koryntian 2,10-11). Poproś Boga, aby przypomniał ci te osoby, którym powinieneś przebaczyć i pomódl się na głos tą modlitwą:

Drogi Ojcze w Niebie, dziękuję Ci za ogrom Twego miłosierdzia, łagodności i cierpliwości wobec mnie - wiem, że Twoja łagodność doprowadziła mnie do nawrócenia. Wyznaję, że nie okazywałem takiej cierpliwości w stosunku do tych, którzy mnie obrazili lub zranili (Rzymian 2,4). Zamiast tego wpadałem w gniew, zgorzknienie i niechęć w stosunku do nich. Przypomnij mi osoby, którym muszę przebaczyć, abym mógł to teraz uczynić. Modlę się w imieniu Jezusa. Amen.

Na kartce papieru wypisz imiona osób, które ci się przypomną. Nie zastanawiaj się czy potrzebujesz przebaczyć danej osobie, czy nie. Często mamy też coś do zarzucenia samym sobie i obwiniamy się za złe wybory, których dokonaliśmy w przeszłości. Dopisz do listy „ja", jeśli musisz też przebaczyć samemu sobie. Przebaczenie sobie samemu oznacza uznanie prawdy, że Bóg nam już przebaczył w Chrystusie. Jeśli Bóg Ci przebaczył, to wybacz też samemu sobie!

Dopisz "złe myśli o Bogu" na końcu listy. Oczywiście Bóg nigdy nie zrobił niczego złego więc nie potrzebuje naszego przebaczenia, ale musimy pozbyć się naszych rozczarowań odnośnie naszego Ojca w niebie. Ludzie często skrywają myśli pełne gniewu na Boga, ponieważ On nie zrobił tego, czego oni chcieli. Musimy pozbyć się tej złości i urazy w stosunku do Boga.

Zanim rozpoczniesz proces przebaczania tym, którzy są na liście, przyjrzyj się temu, czym przebaczenie jest, a czym nie jest. Najważniejsze punkty zostały wytłuszczone.

Przebaczenie nie jest zapomnieniem. Ludzie, którzy chcą zapomnieć krzywdy wyrządzone im przez innych odkrywają, że nie są w stanie ich zapomnieć. Kiedy Bóg mówi, że już nie wspomni naszych grzechów, mówi tym samym, że nie będzie używał naszej przeszłości przeciwko nam. Zapomnienie jest długoterminowym produktem ubocznym przebaczenia, ale nigdy nie jest środkiem prowadzącym do przebaczenia. Nie odkładaj przebaczenia tym, którzy cię skrzywdzili, mając nadzieję, że ból sam odejdzie. Kiedy zdecydujesz się przebaczyć komuś wtedy Chrystus zacznie uzdrawiać twoje rany. Nie jesteśmy uzdrawiani po to, aby przebaczyć, ale przebaczamy, aby doświadczyć uzdrowienia.

Przebaczenie to wybór, decyzja naszej woli. Skoro Bóg wymaga od nas przebaczenia, to znaczy, że jesteśmy w stanie przebaczyć. Niektórzy ludzie trzymają się swojej złości jako środka ochronnego przed dalszym wykorzystaniem, ale robiąc tak, ranią samych siebie. Inni pragną zemsty. Biblia natomiast naucza: „Do Mnie należy wymierzanie kary, Ja odpłacę, mówi Pan" (Rzymian 12,19). Pozwólmy Bogu zająć się tą osobą. Odpuść już jej lub jemu, bo dopóki nie chcesz komuś przebaczyć jesteś z tą osobą związany. Będziesz nadal przykuty do swej przeszłości poprzez swoje zgorzknienie. Przebaczając uwalniasz kogoś od związku ze sobą, jednak nie zwalnia to tej osoby z odpowiedzialności przed Bogiem. Musisz zaufać, że Bóg załatwi sprawy z tą osobą w sprawiedliwy i właściwy sposób - coś, czego ty nie jesteś w stanie zrobić.

„Ale nie wiesz jak bardzo ta osoba mnie zraniła!" Żaden człowiek nie może naprawdę poznać bólu drugiego człowieka, ale Jezus może i przykazuje nam, abyśmy przebaczyli innym dla własnego dobra. Dopóki nie pozbędziesz się swojej goryczy i nienawiści ta druga osoba będzie cię nadal ranić. Nikt nie może naprawić twojej przeszłości, ale możesz się od niej uwolnić. Przebaczając zyskujesz wolność od przeszłości i od tych, którzy cię wykorzystali. Przebaczenie to wypuszczenie jeńca na wolność i uświadomienie sobie, że ty sam byłeś tym jeńcem.

Przebaczenie to zgoda na życie z konsekwencjami czyjegoś grzechu. Wszyscy żyjemy
z konsekwencjami grzechów innych ludzi. Do wyboru mamy tylko albo życie w kajdanach
zgorzknienia, albo w wolności przebaczenia. Ale co ze sprawiedliwością? To krzyż jest
prawnym i moralnym uzasadnieniem przebaczenia. Jezus umarł raz za wszystkie nasze grzechy.
Mamy przebaczać tak, jak Chrystus przebaczył nam. On zrobił to biorąc na siebie konsekwencje
naszych grzechów. Bóg „dla nas Tego, który nie znał grzechu, uczynił grzechem, abyśmy w Nim
stali się sprawiedliwością Bożą" (2Koryntian 5,21). Nie czekaj aż inni poproszą o twoje
przebaczenie. Pamiętaj, Jezus nie czekał z przebaczeniem tym, którzy Go krzyżowali aż oni Go
przeproszą.

Przebacz z serca. Pozwól Bogu przywołać bolesne wspomnienia i przyznaj się do uczuć, które
w tobie wywołują ci, którzy cię zranili. Jeśli przebaczenie nie dotyka emocjonalnego rdzenia
twego życia, nie będzie całkowite. Zbyt często tłumimy w sobie nasze uczucia z obawy przed
bólem. Pozwól, aby Bóg wyciągnął je na powierzchnię i by mógł zacząć leczyć te zranione
emocje.

Przebaczenie, to decyzja by już nie mieć za złe drugiej osobie jej grzechu. Zgorzkniali ludzie
często wywlekają obrazy z przeszłości w obecności tych, którzy ich zranili. Chcą by się poczuli
tak samo źle jak oni! Musimy jednak pozwolić przeszłości odejść i zdecydować się odrzucić
myśli o odwecie. Nie znaczy to, że będziesz musiał tolerować maltretowanie. Bóg nie znosi
grzechu i ty też nie powinieneś. Będziesz musiał postawić duchowe granice, żeby zapobiec
kolejnemu wykorzystaniu. Sprzeciwiaj się grzechowi i równocześnie ćwicz się w łasce
i przebaczeniu w stosunku do tych, którzy cię zranili. Jeśli potrzebujesz pomocy w ustaleniu
biblijnych granic, które uchronią cię przed wykorzystaniem przez innych, to porozmawiaj
z zaufanym przyjacielem, doradcą lub duchownym.

Nie czekaj, aż poczujesz pragnienie przebaczenia. To nigdy nie przyjdzie. Uczyń trudny
wybór, aby przebaczyć, niezależnie od uczuć. Kiedy już zdecydujesz się przebaczyć, szatan
zwolni swój uścisk, a Bóg rozpocznie uzdrawianie twoich zranionych emocji. Zacznij od
pierwszej osoby na liście. Zdecyduj przebaczyć mu / jej każde bolesne wspomnienie, które
przywodzą ci na myśl. Zostań przy tej osobie, aż będziesz miał pewność, że rozprawiłeś się
z całym bólem, który pamiętasz. Potem, w ten sam sposób, przejdź do kolejnych osób na liście.

Gdy zaczniesz przebaczać ludziom, Bóg może przywołać inne bolesne wspomnienia, całkowicie
zapomniane. Pozwól Mu na to, nawet jeśli jest to bolesne. Bóg wyprowadza te bolesne
wspomnienia na powierzchnię po to, abyś mógł się z nimi rozprawić na dobre, a potem
pozbyć się ich. Nie usprawiedliwiaj zachowania krzywdziciela, nawet jeśli jest to bardzo bliska
ci osoba.

Nie mów: „Panie, pomóż mi przebaczyć." On już ci pomaga i będzie z tobą na tej drodze, aż do
końca. Nie mów: „Panie, chcę przebaczyć," bo w ten sposób unikasz tej poważnej decyzji, którą
musisz podjąć. Powiedz: „Panie, decyduję się przebaczyć tym ludziom za to, co mi zrobili."

Za każde bolesne doświadczenie, którego doświadczyłeś ze strony każdej osoby z listy módl się
tak:

> **Drogi Ojcze w Niebie, decyduję się przebaczyć** (imię osoby) **za** (to, co uczynili, albo czego
> nie uczynili), **ponieważ spowodowało, że czułem** (wypowiedz te bolesne odczucia, na
> przykład, odrzucenie, zbrukanie, poczucie niższości, czy bezwartościowości).

Po przebaczeniu każdej osobie za każde bolesne wspomnienie, pomódl się następującą
modlitwą:

> **Panie Jezu, decyduję się nie chować żadnej urazy. Rezygnuję z mojego prawa do zemsty
> i proszę Cię, żebyś uzdrowił moje zranione emocje. Dziękuję za to, że uwolniłeś mnie od
> więzów zgorzknienia. Teraz proszę Cię, żebyś błogosławił tym, którzy mnie skrzywdzili.
> Modlę się w imieniu Jezusa. Amen.**

Zauważ: W tym kroku Bóg przypomniał ci osoby, które świadomie, bądź nie, zraniły cię.
W Dodatku B znajdziesz wskazówki dotyczące tego, jak znaleźć przebaczenie innych.

WYBIERZ PRAWDĘ O SWOIM OJCU W NIEBIE

Zanim przyszliśmy do Chrystusa, w naszym umyśle pojawiały się myśli wynoszące się przeciwko prawdziwemu poznaniu Boga (2Koryntian 10,3-5). Nasze przekonania związane z naszymi ziemskimi ojcami często zakłócają nasz obraz Ojca w niebie. Nawet jako wierzące osoby możemy chować urazę w stosunku do Boga, a to będzie hamować nas w naszej drodze za Nim. Powinniśmy mieć zdrową bojaźń Bożą (podziw dla Jego świętości, mocy i obecności) ale nie strach przed Jego karą. List do Rzymian 8,15 mówi: „Nie otrzymaliście przecież ducha zniewolenia, żeby znowu się bać, lecz otrzymaliście Ducha usynowienia, w którym wołamy: Abba, Ojcze!" Odnów swój umysł prawdziwym poznaniem Boga czytając na głos poniższy tekst:

Wyrzekam się kłamstwa, że Ty, Bóg Ojciec jesteś daleki i niezainteresowany mną. Decyduję się wierzyć w prawdę, że Ty, Bóg Ojciec jesteś zawsze osobiście mną zainteresowany, masz plany, aby dać mi nadzieję i przyszłość i wcześniej przygotowałeś dla mnie dobre uczynki, abym w nich postępował.(Psalm 139,1–18; Mateusza 28,20; Jeremiasza 29,11, Efezjan 2,10)

Wyrzekam się kłamstwa, że Ty, Bóg Ojciec jesteś niewrażliwy, nie znasz mnie i nie troszczysz się o mnie. Decyduję się wierzyć prawdzie, że Ty, Bóg Ojciec jesteś miły, współczujący i wiesz o mnie wszystko. (Psalm 103,8–14; 1Jana 3,1–3; Hebrajczyków 4,12–13**)**

Wyrzekam się kłamstwa, że Ty, Bóg Ojciec jesteś surowy i stawiasz mi wygórowane wymagania. Decyduję się wierzyć prawdzie, że Ty, Bóg Ojciec zaakceptowałeś mnie i z radością mnie wspierasz. (Rzymian 5,8–11; 15,17)

Wyrzekam się kłamstwa, że Ty, Bóg Ojciec jesteś bierny i nieczuły wobec mnie. Decyduję się wierzyć prawdzie, że Ty, Bóg Ojciec jesteś ciepły i czuły dla mnie.(Izajasza 40,11; Ozeasza 11,3–4)

Wyrzekam się kłamstwa, że Ty, Bóg Ojciec jesteś nieobecny lub zbyt zajęty, aby mieć dla mnie czas. Decyduję się wierzyć prawdzie, że Ty, Bóg Ojciec jesteś zawsze przy mnie i chcesz być ze mną. Uzdalniasz mnie, abym był dokładnie taki, jak dla mnie zaplanowałeś od stworzenia świata. (Filipian 1,6; Hebrajczyków 13,5)

Wyrzekam się kłamstwa, że Ty, Bóg Ojciec jesteś niecierpliwy, zagniewany na mnie lub mnie odrzuciłeś. Decyduję się wierzyć prawdzie, że Ty, Bóg Ojciec jesteś cierpliwy i nieskory do gniewu, a kiedy mnie dyscyplinujesz, jest to dowód Twojej miłości do mnie, a nie odrzucenia. (Wyjścia 34,6; Rzymian 2,4; Hebrajczyków 12,5–11)

Wyrzekam się kłamstwa, że Ty, Bóg Ojciec jesteś złośliwy, okrutny, czy znieważający mnie. Decyduję się wierzyć prawdzie, że szatan jest złośliwy, okrutny i znieważający mnie, ale Ty Bóg Ojciec jesteś kochający, delikatny i opiekuńczy. (Psalm 18,2; Mateusza 11,28–30; Efezjan 6,10–18)

Wyrzekam się kłamstwa, że Ty, Bóg Ojciec odbierasz mi radość życia. Decyduję się wierzyć prawdzie, że Ty, Bóg Ojciec jesteś stwórcą życia i poprowadzisz mnie do miłości, radości i pokoju, kiedy zdecyduję się być napełnionym Twoim Duchem. (Lamentacje 3,22–23; Galatów 5, 22–24)

Wyrzekam się kłamstwa, że Ty, Bóg Ojciec chcesz mnie kontrolować i manipulować mną. Decyduję się wierzyć prawdzie, że Ty, Bóg Ojciec uwolniłeś mnie, dałeś mi wolność podejmowania własnych decyzji i wzrastania w Twojej łasce. (Galatów 5,1; Hebrajczyków 4,15–16)

Wyrzekam się kłamstwa, że Ty, Bóg Ojciec potępiłeś mnie i już mi nie wybaczysz. Decyduję się wierzyć prawdzie, że Ty, Bóg Ojciec przebaczyłeś wszystkie moje grzechy i nigdy nie wykorzystasz ich przeciwko mnie. (Jeremiasza 31,31–34; Rzymian 8,1)

Wyrzekam się kłamstwa, że Ty, Bóg Ojciec odrzucasz mnie kiedy nie udaje mi się prowadzić doskonałego, bezgrzesznego życia. Decyduję się wierzyć prawdzie, że Ty, Bóg Ojciec masz dla mnie cierpliwość i oczyszczasz mnie, kiedy upadam. (Przysłów 24,16; 1Jana 1,7–2,2)

JESTEM ŹRENICĄ TWOJEGO OKA! (Powtórzonego Prawa 32,9–10)

KROK 4
BUNT KONTRA PODDANIE

Żyjemy w czasach buntu. Wielu ludzi osądza rządzących i podporządkowuje się prawu tylko wtedy, kiedy jest to dla nich wygodne, albo z obawy przed przyłapaniem. Biblia naucza nas, abyśmy modlili się za rządzących (1Tymoteusza 2,1–2) i poddawali się władzy (Rzymian 13,1–7). Bunt przeciwko Bogu i ustanowionej przez Niego władzy, sprawia, że jesteśmy duchowo podatni na zranienie. Jedyna sytuacja, kiedy Bóg pozwala nam nie słuchać ziemskiej władzy jest wtedy, gdy ona wymaga od nas zrobienia czegoś niemoralnego, lub chce władać poza wyznaczonym dla niej autorytetem. Módl się następującą modlitwą, aby mieć uległego ducha i serce sługi.

Drogi Ojcze w Niebie, powiedziałeś, że bunt jest jak czary, a upór jest jak nieprawość i bałwochwalstwo (1Samuela 15,23). **Wiem, że nie zawsze byłem poddany, a zamiast tego w sercu buntowałem się postawą i czynem przeciw Tobie oraz przeciwko tym, których władzę ustanowiłeś nade mną. Proszę, pokaż mi każdą sytuację, w której się buntowałem. Decyduję się przyjąć ducha poddania i mieć serce sługi. Modlę się w imieniu Jezusa. Amen.**

Zaufanie, że Bóg będzie działał w naszym życiu przez liderów, którym nierzadko daleko do doskonałości, wymaga aktu wiary, ale właśnie tego wymaga od nas Bóg. Jeśli liderom, czy ludziom u władzy, zdarzy się nadużywać swojej władzy, lub łamać prawo stworzone, by chronić bezbronnych, powinieneś szukać pomocy u wyższej instancji. Jest wiele takich zarządców, których nadużycia powinny być zgłaszane do agencji rządowych. Jeśli dotyczy cię taka sytuacja, zachęcamy cię, żebyś natychmiastowo szukał pomocy. Nie zakładaj jednak, że ktoś, kto jest u władzy, automatycznie łamie Boże nakazy tylko dlatego, że każe ci zrobić coś, co się tobie nie podoba. Bóg ustanowił konkretną linię władzy, aby nas chronić i aby w społeczeństwie panował porządek. To ten autorytet szanujemy. Bez władz rządzących, każde społeczeństwo byłoby w chaosie. Pozwól, aby Bóg, na podstawie poniższej listy, pokazał ci konkretne sytuacje, w których okazałeś bunt i użyj poniższej modlitwy, aby wyznać te grzechy, które Bóg ci przypomina.

- ☐ Rząd, w tym prawo drogowe, podatkowe, nastawienie do urzędników państwowych, (Rzymian 13,1–7; 1Tymoteusza 2,1–4; 1Piotra 2,13–17)
- ☐ Rodzice, przybrani rodzice, czy opiekunowie (Efezjan 6,1–3)
- ☐ Nauczyciele, trenerzy, przedstawiciele szkół (Rzymian 13,1–4)
- ☐ Pracodawcy (poprzedni i obecni) (1Piotra 2,18–23)
- ☐ Mąż (1Piotra 3,1–4) lub żona (Efezjan 5,21; 1Piotra 3,7)
  [**Uwaga do mężów:** poproś Pana, aby ci ukazał, czy twój brak miłości do żony nie wywołuje w niej ducha buntu. Jeśli tak jest, to wyznaj to, jako sprzeciwienie się zaleceniu z Efezjan 5:22 33.]
- ☐ Liderzy kościoła (Hebrajczyków 13,7)
- ☐ Bóg (Daniela 9,5,9)

Gdy Duch Boży przypomni ci konkretne sytuacje nieposłuszeństwa użyj poniższej modlitwy, aby wyznać każdy z grzechów buntu.

Ojcze w niebie, wyznaję, że buntowałem się przeciwko (imię, lub stanowisko) **poprzez** (wyznaj konkretnie co zrobiłeś, albo czego nie zrobiłeś). **Dziękuję Ci za twoje przebaczenie. Decyduję się być uległym i posłusznym Twojemu Słowu. Modlę się w imieniu Jezusa. Amen.**

KROK 5
PYCHA KONTRA POKORA

Pycha chodzi przed upadkiem, a pokornym Bóg okazuje łaskę (Jakub 4,6; 1Piotra 5,1–10). Pokora to pewność właściwie usytuowana w Bogu, a On naucza nas, abyśmy „…nie pokładali ufności w ciele" (Filipian 3,3). Mamy natomiast „…umacniać się w Panu i w sile Jego potęgi." (Efezjan 6,10). Przysłów 3,5–7 przynagla nas, abyśmy zaufali Panu z całego swojego serca i nie polegali na własnym rozumie. W poniższej modlitwie poproś Boga o prowadzenie:

Drogi Ojcze w niebie, Powiedziałeś, że pycha poprzedza upadek, a duch arogancji, potknięcie. Wyznaję, że koncentrowałem się na swoich własnych potrzebach, a nie na innych. Nie zawsze zapierałem się siebie, nie brałem swego krzyża każdego dnia i nie szedłem za Tobą. Polegałem na swojej własnej sile i środkach, zamiast odpoczywać w Tobie. Przedkładałem swoją wolę nad Twoją, a moje życie skupiałem na sobie, a nie na Tobie. Odwracam się od swojej dumy i samolubstwa i modlę się, aby odzyskać wszystkie tereny duchowe zdobyte przez wrogów Pana Jezusa Chrystusa. Pokutuję i wyzbywam się tych grzesznych, cielesnych wzorców. Decyduję się polegać na mocy Ducha Świętego i poddaję się Jego prowadzeniu tak, abym już nic nie robił z samolubstwa, pychy lub zarozumiałości. Pokornym umysłem decyduję się uznawać innych za ważniejszych od siebie. Wyznaję Ciebie moim Panem i przyznaję, że poza Tobą nie mogę zrobić nic, co przyniosłoby trwałą satysfakcję. Proszę, zbadaj moje serce i pokaż mi konkretne sytuacje, w których byłem pyszny. Modlę się w łagodnym i pokornym imieniu Jezusa. Amen. (Przysłów 16,18; Mateusza 6,33; 16,24; Rzymian 12,10; Filipian 2,3)

Z modlitwą przeglądnij poniższą listę. W modlitwie znajdującej się poniżej, wyznaj każdy grzech pychy, który Pan ci przypomni.

☐ Mocniejsze pragnienie czynienia swojej woli niż woli Bożej.

☐ Poleganie na własnym zrozumieniu i doświadczeniu bardziej niż na szukaniu prowadzenia Bożego w modlitwie i Jego Słowie

☐ Poleganie na własnych siłach i zdolnościach zamiast na mocy Ducha Świętego

☐ Zajmowanie się bardziej kontrolowaniem innych, niż rozwijaniem samokontroli

☐ Zbytnie zajmowanie się tak zwanymi ważnymi i samolubnymi rzeczami, aby szukać Boga i Jego woli

☐ Tendencja do myślenia, że nie mam żadnych potrzeb

☐ Trudność w przyznawaniu się do błędów

☐ Chęć przypodobania się ludziom bardziej niż Bogu

☐ Jawna chęć zdobycia uznania za rzeczy, za które według mnie należy mi się uznanie

☐ Uważanie się za bardziej pokornego, duchowego, religijnego czy bogobojnego od innych

☐ Staranie się o uznanie przez osiąganie tytułów, stopni i pozycji

☐ Częste odczuwanie, że moje potrzeby są ważniejsze niż potrzeby innych

☐ Uważanie się za lepszego niż inni ze względu na moje naukowe, artystyczne, sportowe czy inne zdolności lub osiągnięcia

☐ Nie czekanie na Boga

☐ Inne myśli, którym się poddawałem, a według których jestem kimś więcej niż jestem

Za każdą z dziedzin, które odnoszą się do twojego życia módl się:

Drogi Ojcze w niebie, wyznaję, że byłem pyszny. Dziękuję za Twoje przebaczenie. Decyduję się ukorzyć przed Tobą i przed innymi. Decyduję się pokładać całą moja ufność w Tobie i nie pokładać ufności w ciele. Modlę się w imieniu Jezusa. Amen.

KROK 6
ZNIEWOLENIE KONTRA WOLNOŚĆ

Wielokrotnie wpadamy w pułapkę błędnego koła „grzech- wyznanie, grzech – wyznanie", która zdaje się nie mieć końca, ale Bóg obiecuje, że „Bóg zaś jest wierny i nie pozwoli kusić was ponad to, co możecie znieść, ale wraz z pokusą da sposób wyjścia tak, abyście mogli wytrwać" (1Koryntian 10,13), i „Bądźcie więc posłuszni Bogu, przeciwstawiajcie się zaś diabłu, a on ucieknie od was" (Jakub 4,7). Jeśli nie wybrałeś drogi ucieczki i zgrzeszyłeś, powinieneś wyznać to Bogu, poprosić Go, żeby wypełnił cię swoim Duchem Świętym, stawić opór diabłu zakładając pełną zbroję Bożą (Efezjan 6,10-20), a on ucieknie od ciebie.

Możesz potrzebować pomocy zaufanego brata lub siostry w Chrystusie, jeśli twój grzech stał się nawykiem. Jakub 5,16 mówi: „Wyznawajcie więc sobie wzajemnie grzechy i módlcie się jedni za drugich, abyście zostali uzdrowieni. Bardzo skuteczna jest wytrwała modlitwa sprawiedliwego." Czasami wystarczy to, o czym zapewnia 1Jana 1,9: „Jeśli wyznajemy nasze grzechy, to Bóg, który jest wierny i sprawiedliwy, odpuści nam grzechy i oczyści nas z wielkiej nieprawości."

Pamiętaj, że wyznanie to nie tylko powiedzenie „przepraszam", ale otwarte przyznanie, że „ja to zrobiłem." Jeśli potrzebujesz pomocy ze strony innych ludzi lub po prostu musisz stanąć i chodzić w światłości przed Bogiem, to módl się poniższą modlitwą:

Drogi Ojcze w niebie, powiedziałeś, abym przyodział się w Chrystusa Jezusa i nie podążał za pożądaniami ciała. Wyznaję, że ulegałem dążeniom ciała, które toczą wojnę przeciwko mojej duszy. Dziękuję, że w Chrystusie moje grzechy zostały przebaczone, złamałem jednak twoje prawo i pozwoliłem, aby diabeł toczył wojnę w moim ciele. Przychodzę do Ciebie, aby wyznać i odrzucić grzechy ciała, abym był oczyszczony i wyzwolony z niewoli grzechu. Proszę pokaż mi wszystkie grzechy cielesne, jakie popełniłem oraz to, w jaki sposób obrażałem Ducha Świętego. Modlę się w świętym imieniu Jezusa. Amen.
(Rzymian 6,12–13; 13,14; 2Koryntian 4,2; Jakub 4,1; 1Piotra 2,11; 5,8)

Poniżej znajduje się lista wielu grzechów cielesnych. Dodatkowo uważne zastanowienie się z modlitwą nad Marka 7:20 23, Galatów 5:19 21, Efezjan 4:25 31 i innymi fragmentami z Biblii pomoże Ci potraktować tą sprawę jeszcze dokładniej. Przejrzyj podaną niżej listę i poproś Ducha Świętego, aby przypomniał Ci te grzechy, które wymagają wyznania. Może objawić ci również jakieś winy spoza listy. Przy każdym grzechu módl się, wyznając szczerze. Dalej podana jest przykładowa modlitwa.

(Uwaga: grzechy seksualne, sprawy małżeństwa i rozwodu, tożsamość płci, aborcja, tendencje samobójcze, perfekcjonizm, zaburzenia odżywiania, nadużywanie substancji uzależniających, hazard oraz uprzedzenie podane są w dalszej części tego kroku.

❑ Kradzież	❑ Przekleństwa	❑ Oszustwo
❑ Kłótnie/bijatyki	❑ Apatia/lenistwo	❑ Unikanie odpowiedzialności
❑ Zazdrość/zawiść	❑ Kłamstwo	❑ Chciwość/materializm
❑ Narzekanie/krytykanctwo	❑ Nienawiść	❑ Inne: _____
❑ Sarkazm	❑ Gniew	
❑ Plotki/pomówienia	❑ Pijaństwo	

Drogi Ojcze w niebie, wyznaje, że zgrzeszyłem przeciwko Tobie przez (nazwij konkretne grzechy). Dziękuję Ci za Twoje przebaczenie i oczyszczenie. Teraz odwracam się od tych grzechów i zwracam się ku Tobie, Panie. Napełnij mnie Twoim Duchem Świętym tak, abym nie spełniał pożądliwości ciała. Modlę się o to w imieniu Jezusa. Amen.

POZBYCIE SIĘ GRZECHU SEKSUALNEGO

Naszą odpowiedzialnością jest nie pozwolić by grzech rządził naszym ciałem. Nie możemy używać swojego ciała, ani innej osoby, jako narzędzia nieprawości (Rzymian 6,12-13). Grzechy w sferze seksualnej są nie tylko grzechami przeciwko Bogu, ale przeciwko swojemu ciału, świątyni Ducha Świętego (1Koryntian 6,18-19). Bóg zaplanował, aby seks służył prokreacji i przynosił przyjemność małżonkom. Kiedy małżeństwo zostaje skonsumowane, dwoje stają się jednym ciałem. Jeśli łączymy się z kimś w akcie seksualnym (hetero- czy homoseksualnym) poza małżeństwem, to też stajemy się „jednym ciałem" (1Koryntian 6,16). Tworzy to duchową więź między dwojgiem ludzi, prowadząc do duchowego związania. Bóg szczególnie wyraźnie zabrania relacji seksualnych pomiędzy ludźmi tej samej płci, ale też poza związkiem małżeńskim. W celu uwolnienia się od uzależnień seksualnych módl się poniższą modlitwą:

Drogi Ojcze w niebie, pozwoliłem, aby grzech władał w moim śmiertelnym ciele. Proszę Cię, przypomnij mi każdy moment, gdy moje ciało było użyte jako narzędzie nieprawości, abym w Chrystusie mógł wyrzec się tych grzechów seksualnych i zerwać ich pęta. Modlę się w imieniu Jezusa. Amen.

Gdy Pan przypomni ci różne przypadki niewłaściwego używania swego ciała, lub to, gdy byłeś ofiarą (gwałtu, molestowanie, kazirodztwa), czy też, gdy działo się to z twojej woli (pornografia, masturbacja, niemoralność seksualna), wyrzeknij się każdego przypadku:

Drogi Ojcze w niebie, odrzucam (podaj nazwę wykorzystania cielesnego) **z** (wymień imię drugiej osoby). **Proszę zerwij mój grzeszny duchowy, fizyczny i emocjonalny związek z** (podaj imię). (Powtórz w odniesieniu do każdego doświadczenia).**Modlę się w imieniu Jezusa. Amen.**

Jeśli korzystałeś z pornografii, pomódl się następującą modlitwą:

Drogi Ojcze w niebie, wyznaję, że patrzyłem na prowokujące seksualnie i pornograficzne materiały po to, aby seksualnie pobudzić swoje ciało. Próbowałem zaspokoić moje lubieżne pożądania i zanieczyściłem swoje ciało, duszę i ducha. Dziękuję, że mnie oczyściłeś i przebaczyłeś mi. Wyrzekam się jakichkolwiek więzów szatańskich, na które pozwoliłem w moim życiu poprzez niewłaściwe używanie mojego ciała i umysłu. Panie, zobowiązuję się zniszczyć wszystkie moje materiały, których używałem do seksualnej stymulacji i wyłączyć wszystkie media, które są związane z grzechem seksualnym. Poddaję mój umysł odnowieniu, aby myśleć czystymi myślami. Wypełnij mnie swoim Duchem Świętym, abym nie podążał za pragnieniami mojego ciała. Modlę się w imieniu Jezusa. Amen.

Po zakończeniu, oddaj swoje ciało Panu modląc się:

Drogi Ojcze w niebie, odrzucam wszystkie zdarzenia, w których moje ciało było wykorzystywane jako narzędzie nieprawości i uznaję mój świadomy w tym udział. Decyduję się oddać moje oczy, usta, umysł, serce, ręce, stopy i organy seksualne, jako narzędzia sprawiedliwości. Oddaję całe moje ciało Tobie, jako ofiarę żywą, świętą i przyjemną. Chcę zachować moją seksualność tylko dla małżeństwa. Odrzucam kłamstwa diabła, że moje ciało w wyniku doświadczeń seksualnych z przeszłości jest nieczyste, zbrukane, czy w jakiś inny sposób dla Ciebie nie do przyjęcia. Panie dziękuję Ci, że całkowicie mnie oczyściłeś, przebaczyłeś mi i że mnie kochasz i akceptujesz takiego, jaki jestem. Wybieram akceptację siebie i mojego ciała, jako czystego w Twoich oczach. Modlę się w imieniu Jezusa. Amen.

SPECJALNE MODLITWY I DECYZJE NA SPECJALNE SYTUACJE

Poniższe modlitwy pobudzą twój wzrost i pomogą ci podjąć kluczowe decyzje. Same w sobie raczej nie przyniosą kompletnego rozwiązania, czy uzdrowienia, ale są doskonałym punktem wyjścia. Będziesz musiał popracować nad odnowieniem swojego umysłu. Proszę, nie wahaj się szukać duchowego poradnictwa czy dodatkowej pomocy, jeśli jej potrzebujesz.

Małżeństwo

Drogi Ojcze w niebie, decyduję się wierzyć, że stworzyłeś nas, jako mężczyznę i kobietę i że małżeństwo jest duchowym związkiem pomiędzy mężczyzną i kobietą, którzy stają się jedno w Chrystusie. Wierzę, że ten związek może być zerwany tylko przez śmierć, cudzołóstwo czy porzucenie przez niewierzącego współmałżonka. Decyduję, że będę wierny mojej przysiędze małżeńskiej i pozostanę wierny mojemu współmałżonkowi, aż fizyczna śmierć nas nie rozłączy. Daj mi łaskę, abym był takim współmałżonkiem, jakim zaplanowałeś, że będę i uzdolnij mnie do tego, abym kochał i szanował mojego partnera/partnerkę w małżeństwie. Będę starał się zmieniać tylko siebie, a mojego współmałżonka zaakceptować. Naucz mnie, jak mówić prawdę w miłości, jak być miłosiernym, skoro Ty okazałeś mi miłosierdzie i przebaczać tak, jak Ty przebaczyłeś mi. Modlę się w imieniu Jezusa. Amen.

Rozwód

Drogi Ojcze w niebie, nie byłem takim współmałżonkiem, jak dla mnie zaplanowałeś i szczerze żałuję, że moje małżeństwo rozpadło się. Decyduję się wierzyć w to, że Ty nadal mnie kochasz i akceptujesz. Wierzę w to, że nadal jestem Twoim dzieckiem i że Ty pragniesz abym nadal służył Tobie i Twojemu Królestwu. Daj mi łaskę, abym uporał się z rozczarowaniem i emocjonalnymi bliznami, które noszę i o to samo proszę dla mojego byłego współmałżonka. Decyduję się wybaczyć mu / jej i wybaczyć sobie za jakikolwiek mój wkład w ten rozwód. Pomóż mi wyciągać naukę z moich błędów i prowadź mnie, abym nie powielał tych samych starych, cielesnych wzorów. Decyduję się wierzyć prawdzie, że nadal jestem akceptowany, bezpieczny i ważny w Chrystusie. Proszę prowadź mnie do zdrowych relacji w Twoim Kościele i nie pozwól abym zawierał kolejne małżeństwo na pocieszenie. Ufam, że zabezpieczysz moje potrzeby w przyszłości i deklaruję, że będę podążał za Tobą. Modlę się w imieniu Jezusa. Amen.

Tożsamość płciowa

Drogi Ojcze w niebie, decyduję się wierzyć w to, że Ty stworzyłeś całą ludzkość albo mężczyznami, albo kobietami (Rodzaju 1:27) i nakazałeś nam zachować rozróżnienie między płciami (Powtórzonego Prawa 22:5, Rzymian 1:24-29). Wyznaję, że uległem wpływowi tego upadłego świata i kłamstwom szatana, aby kwestionować moją i innych biologiczną płeć. Wyrzekam się wszystkich oskarżeń i kłamstw szatana, które chcą mnie przekonać, że jestem kimś innym niż Ty mnie stworzyłeś. Decyduję, że będę akceptował moją biologiczną płeć i modlę się, żebyś uzdrowił moje zranione emocje i uzdolnił mnie do przemienienia się przez odnowienie umysłu. Zakładam pełną zbroję Bożą (Efezjan 6:13). Wyrzekam się wszystkich tożsamości i określeń, które wywodzą się z mojej starej natury i wybieram wierzyć, że jestem nowym stworzeniem w Chrystusie. Modlę się w tym cudownym imieniu Jezusa. Amen.

Aborcja

Drogi Ojcze w niebie, wyznaję, że nie byłem dobrym opiekunem i nie troszczyłem się o życie, które mi powierzyłeś. Wyznaję, że to jest grzech. Dziękuję Ci za to, że dzięki Twojemu przebaczeniu mogę sobie przebaczyć. Oddaję to dziecko tobie na wieczność i wierzę, że jest ono w Twoich troskliwych ramionach. Modlę się w imieniu Jezusa. Amen.

Tendencje Samobójcze

Drogi Ojcze w niebie, odrzucam wszelkie myśli samobójcze oraz próby odebrania sobie życia, jakie uczyniłem, czy wszelkie próby samookaleczenia. Odrzucam kłamstwo, że życie jest beznadziejne i że mogę znaleźć pokój i wolność odbierając sobie życie. Szatan jest złodziejem, który przyszedł kraść, zabijać i niszczyć. Wybieram życie w Chrystusie, który powiedział, że przyszedł, aby dać życie i to w obfitości. Dziękuję za twoje przebaczenie, które umożliwia mi przebaczenie sobie samemu. Wybieram wiarę w prawdę, że zawsze jest nadzieja w Chrystusie. Modlę się w imieniu Jezusa. Amen.

Nadużywanie substancji uzależniających

Drogi Ojcze w niebie, wyznaję, że nadużywałem lub niewłaściwie używałem substancji uzależniających (alkohol, papierosy, pożywienie, leki lub narkotyki) w celu doznania przyjemności, ucieczki od rzeczywistości, radzenia sobie z problemami. Wyznaję, że szkodziłem swemu ciału i zmieniałem mój umysł w niszczący sposób. Dodatkowo, gasiłem Ducha Świętego. Dziękuję Ci za to, że mi przebaczyłeś. Wyrzekam się wszelkich diabelskich związków oraz wpływu, jakie na moje życiem miały niewłaściwe pożywienie lub używki. Składam wszystkie moje troski na Chrystusa, który mnie kocha. Przyrzekam więcej nie poddawać się nadużywaniu substancji, a zamiast tego pozwalać Duchowi Świętemu prowadzić mnie i dawać moc. Modlę się w imieniu Jezusa. Amen.

Zaburzenia odżywiania i samookaleczenie się

Drogi Ojcze w niebie, odrzucam kłamstwo, że moja wartość, jako osoby, zależy od mojego wyglądu lub działalności. Wyrzekam się nacinania lub szkodzenia swemu ciału, zmuszania się do wymiotów, używania środków przeczyszczających, zagładzania się, jako sposobów na kontrolowanie siebie, zmianę wyglądu lub oczyszczenia się ze zła. Ogłaszam, że jedynie krew Pana Jezusa Chrystusa oczyszcza mnie z grzechu. Uświadamiam sobie, że zostałem wykupiony i moje ciało, świątynia Ducha Świętego, należy do Boga. Decyduję się chwalić Boga w moim ciele. Odrzucam kłamstwo, że jestem zły lub część mojego ciała jest zła. Dziękuję Ci, że w Chrystusie mnie zaakceptowałeś takiego, jakim jestem. Modlę się w imieniu Jezusa. Amen.

Dążenie do sukcesu i perfekcjonizm

Drogi Ojcze w niebie, wyrzekam się kłamstwa, że moja wartość zależy od tego, co robię. Ogłaszam prawdę, że moja tożsamość i poczucie wartości wynikają z tego, że jestem Twoim dzieckiem. Odrzucam poszukiwanie aprobaty i akceptacji innych ludzi i wybieram wiarę, że już mam uznanie i akceptację w Chrystusie, dzięki Twojej śmierci i zmartwychwstaniu. Decyduję się wierzyć prawdzie, że jestem zbawiony nie przez uczynki sprawiedliwości, lecz dzięki Twojemu miłosierdziu. Decyduję się wierzyć, że już nie jestem pod przekleństwem prawa, gdyż Chrystus przyjął przekleństwo. Przyjmuję darmowy dar życia w Chrystusie i decyduję się w nim trwać. Odrzucam dążenie do perfekcji poprzez życie pod prawem. Dzięki Twojej łasce, Ojcze w Niebie, wybieram, by od tego momentu chodzić w wierze i w mocy Twego Ducha Świętego zgodnie z tym, co objawiłeś jako prawdę. Modlę się w imieniu Jezusa. Amen.

Hazard

Drogi Ojcze w niebie, wyznaję, że byłem kiepskim zarządcą dóbr materialnych, które były w moim posiadaniu. Roztrwoniłem majątek uganiając się za bożkiem. Nie byłem zadowolony z jedzenia i ubrania, a miłość pieniędzy zawiodła mnie do nieracjonalnego i grzesznego zachowania. Wyrzekam się zaspokajania ciała w oparciu o tą żądzę. Decyduję się unikać kasyn, internetowych stron z hazardem, zakładów bukmacherskich i loterii. Wybieram, aby wierzyć w to, że jestem żywy w Chrystusie, a martwy dla grzechu. Wypełnij mnie Duchem Świętym, abym nie ulegał pragnieniom mojego ciała. Pokaż mi drogę ucieczki, kiedy jestem kuszony, aby powrócić do moich uzależniających zachowań. Występuję przeciwko wszelkim oskarżeniom, pokusom i zwiedzeniu szatana przez założenie zbroi Bożej i mocne trwanie w wierze. Decyduję się wierzyć w to, że Ty zaspokoisz wszelką moją potrzebę według swego bogactwa w chwale. Modlę się w imieniu Jezusa. Amen.

Uprzedzenie

Drogi Ojcze w niebie, stworzyłeś całą ludzkość na swoje podobieństwo. Wyznaję, że osądzałem innych po kolorze skóry, narodowości, statusie ekonomicznym lub społecznym, na podstawie różnic kulturowych, bądź ich orientacji seksualnej. Wyrzekam się elitaryzmu, rasizmu i seksizmu. Decyduję się wierzyć, że „Nie ma już Żyda ani Greka, nie ma niewolnika ani wolnego, nie ma mężczyzny ani kobiety. Wszyscy bowiem stanowimy jedność w Chrystusie Jezusie" (Galatów 3:28). Proszę, pokaż mi korzenie mojej nietolerancji, tak, abym mógł ją wyznać i być oczyszczonym z tego skażenia. Przyrzekam „postępować w sposób godny powołania, które otrzymałem, z całą pokorą i łagodnością, z cierpliwością, znosząc jedni drugich w miłości, starając się zachować jedność ducha we wzajemnej więzi, jaką daje pokój." (Efezjan 4:1-3). Modlę się w imieniu Jezusa. Amen.

Strach i niepokój

Dodatek C i D kompleksowo zajmują się kwestią pokonania strachu i niepokoju, które tak szerzą się w świecie.

KROK 7
PRZEKLEŃSTWA KONTRA BŁOGOSŁAWIEŃSTWA

Biblia mówi, że Bóg każe winę ojców na synach do trzeciego i czwartego pokolenia tych, którzy Go nienawidzą, ale Boże błogosławieństwo zostanie wylane na tysiące pokoleń tych, którzy są Mu posłuszni (Wyjścia 20,4–6). Grzechy jednego pokolenia mogą niekorzystnie wpłynąć na naszą przyszłość, jeśli nie wyrzekniemy się ich i nie odbierzemy naszego nowego dziedzictwa w Chrystusie. Krąg grzechów i ich negatywnych konsekwencji może zostać przerwany przez szczerą pokutę. Nie ponosisz winy za grzechy przodków, ale z powodu tych grzechów dosięgają cię ich konsekwencje. Jezus powiedział, że należycie będzie przygotowany każdy, gdy będzie jak jego mistrz (Łukasza 6:40), a Piotr pisze, że zostaliśmy wykupieni „...z waszego bezużytecznego postępowania przekazanego przez ojców..." (1Piotra 1,18). Poproś Jezusa, żeby objawił ci wszelkie grzechy pokoleniowe i wyrzeknij się ich w następującej deklaracji:

Drogi Ojcze w niebie, proszę objaw mi wszystkie grzechy moich przodków, które są prze-kazywane w mojej rodzinie z pokolenia na pokolenie. Ponieważ jestem nowym stworzeniem w Chrystusie, chcę doświadczać wolności od tych wpływów i chodzić w mojej nowej tożsamości dziecka Bożego. Modlę się w imieniu Jezusa. Amen.

Słuchaj uważnie tego, co Duch Święty ci objawia i zapisz wszystko, co przychodzi ci na myśl. Bóg może objawić ci kulty i okultystyczne praktyki religijne twoich przodków, o których nie miałeś pojęcia. Również w każdej rodzinie mogą pojawić się takie kwestie jak: różne choroby (w tym umysłowe), rozwody, grzechy seksualne, gniew, depresja, strach, przemoc lub nadużycia.

Jeśli nic więcej nie przychodzi ci do głowy zakończ następująco:

Panie, wyrzekam się (nazwij każdy grzech rodziny, który Pan przywiódł ci na myśl).

Nie możemy pasywnie zająć naszej pozycji w Chrystusie, musimy aktywnie i celowo zdecydować się poddać Bogu, stawić opór diabłu, a wtedy on ucieknie od nas. Zakończ ten ostatni krok następującą deklaracją i modlitwą:

DECLARACJA

Ja, tu i teraz, wyrzekam się i odrzucam wszystkie grzechy moich przodków. Jako wyzwolony z mocy ciemności i przeniesiony do królestwa Syna Bożego ogłaszam, że jestem wolny od tych szkodliwych wpływów. Już nie jestem „w Adamie". Teraz żyję „w Chrystusie". Dlatego też decyduję się kochać Boga i być Mu posłusznym i jestem odbiorcą Jego błogosławieństw dla mojego życia. Jako ukrzyżowany i zmartwychwstały z Jezusem Chrystusem oraz posadzony wraz z Nim na wyżynach niebieskich, odrzucam wszelkie diabelskie ataki i knowania skierowane przeciwko mnie i mojej służbie. Każde rzucone na mnie przekleństwo zostało złamane kiedy Chrystus dla mnie stał się przekleństwem, umierając na krzyżu (Galatów 3,13). Odrzucam wszelkie powody, dla których szatan mógłby domagać się własności nade mną. Należę do Pana Jezusa Chrystusa, który nabył mnie swą własną cenną krwią. Ogłaszam, że jestem całkowicie i na wieki przypisany i oddany Panu Jezusowi Chrystusowi. Dlatego, będąc poddany Bogu, w Jego autorytecie, sprzeciwiam się teraz diabłu i nakazuję każdemu wrogowi Pana Jezusa opuścić moją obecność. Zakładam zbroję Bożą i stawiam opór diabel-skim pokusom, oskarżeniom i zwodzeniu. Od dzisiaj będę wypełniał tylko wolę Mojego Ojca w niebie.

MODLITWA

Drogi Ojcze w niebie, przychodzę do Ciebie, jako Twoje dziecko, wykupiony z niewoli grzechu przez krew Pana Jezusa Chrystusa. Ty jesteś Panem wszechświata i Panem mojego życia. Oddaję Ci moje ciało, jako żywą i świętą ofiarę. Bądź uwielbiony w moim życiu i ciele. Proszę Cię teraz abyś mnie napełnił swoim Duchem Świętym. Poddaję się odnawianiu umysłu, aby udowodnić, że Twoja wola jest dobra, przyjemna i doskonała dla mnie. Niczego nie pragnę bardziej niż tego, by być jak Ty. Modlę się, wierzę i robię to wszystko w cudownym imieniu Jezusa, mojego Pana i Zbawcy. Amen.

NIEPEŁNE POSTANOWIENIE?

Po ukończeniu kroków, zamknij oczy i posiedź w ciszy minutę lub dwie. Czy w twoim umyśle panuje cisza? Większość ludzi będzie doświadczać Bożego pokoju i jasności umysłu. Niewielu wierzących nie doświadczy tego i zazwyczaj będą wiedzieć, że nadal mają jakieś sprawy nierozwiązane przed Bogiem. Jeśli wiesz, że byłeś zupełnie szczery z Bogiem i przeszedłeś przez kroki najlepiej jak potrafiłeś, pomódl się następującą modlitwą:

Drogi Ojcze w niebie, szczerze pragnę Twojej obecności i proszę cię, żebyś objawił mi, co powstrzymuje mnie przed jej doświadczaniem. Proszę, żebyś zabrał mnie do czasów traumy w moim życiu i pokazał mi kłamstwa, w które uwierzyłem. Modlę się, abyś pomógł mi pokutować, co doprowadzi mnie do poznania prawdy, która mnie wyzwoli. Pokornie proszę, uzdrów moje zranione emocje. Modlę się w imieniu Jezusa. Amen.

Nie trać czasu na rozmyślanie, co z tobą nie tak, jeśli nic się nie objawi. Masz obowiązek rozprawić się tylko z tym, o czym wiesz. Zamiast tego, poświęć czas na odkrycie tego, kim jesteś w Chrystusie. Niektórzy wierzący mogą odczuwać nowy rodzaj wolności, a parę dni, czy tygodni później znowu doświadczać zmagania. Być może to Bóg objawia im kolejne sprawy z przeszłości, którymi powinni się zająć. Z tymi, którzy doświadczyli wielkiej traumy, Bóg postępuje powoli, objawiając po jednej warstwie na raz. Zajęcie się cały zranieniem podczas jednej sesji mogłoby być dla niektórych zbyt dużym wyzwaniem. Jeśli okażemy się wierni w małym, Bóg postawi nas nad wielkimi rzeczami.

Poniżej zapisane jest to, co z pewnością jest prawdą na twój temat!

W CHRYSTUSIE

**Wyrzekam się kłamstwa, że jestem odrzucony, niekochany, czy powodem wstydu.
Bóg mówi, że:**

Jestem dzieckiem Bożym (Jana 1:12)
Jestem przyjacielem Chrystusa (Jana 15,15)
Zostałem usprawiedliwiony (Rzymian 5,1)
Jestem zjednoczony z Panem i jestem z Nim jednym duchem (1Koryntian 6,17)
Zostałem nabyty za wysoką cenę, należę do Boga (1Koryntian 6,19-20)
Jestem członkiem ciała Chrystusa (1Koryntian 12,27)
Jestem święty, wierny (Efezjan 1,1)
Zostałem adoptowany, jako dziecko Boże (Efezjan 1,5)
Mam do Boga bezpośredni dostęp przez Ducha Świętego (Efezjan 2,18)
Zostałem odkupiony i zostały mi przebaczone wszystkie grzechy (Kolosan 1,14)
W Chrystusie jestem doskonały (Kolosan 2,10)

**Wyrzekam się kłamstwa, że jestem winien, bez ochrony, samotny, porzucony.
W Chrystusie mam bezpieczeństwo.
Bóg mówi, że:**

Zostałem uwolniony od potępienia (Rzymian 8,1-2)
Mam zapewnienie, że wszystko współdziała ku dobremu (Rzymian 8,28)
Zostałem uwolniony od wszelkich potępiających oskarżeń przeciwko mnie (Rzymian 8,31 34)
Nie mogę zostać oddzielony od miłości Bożej (Rzymian 8,35 39)
Zostałem utwierdzony, namaszczony i zapieczętowany przez Boga (2Kor 1,21-22)
Jestem pewien, że dobre dzieło, które Bóg we mnie rozpoczął, będzie dokończone (Filipian 1,6)
Jestem obywatelem nieba (Filipian 3,20)
Jestem wraz z Chrystusem ukryty w Bogu (Kolosan 3,3)
Nie otrzymałem ducha strachu, lecz ducha mocy, miłości i rozsądku (2Tymoteusza 1,7)
Mogę zwrócić się o łaskę i miłosierdzie w czasie potrzeby (Hebrajczyków 4,16)
Narodziłem się z Boga i zły nie może mnie tknąć (1Jana 5,18)

**Wyrzekam się kłamstwa, że jestem bezwartościowy, nieudacznik, nie nadaję się czy
beznadziejny. W Chrystusie mam głębokie znaczenie.
Bóg mówi, że:**

Jestem solą ziemi i światłością świata (Mateusza 5,13,14)
Jestem winoroślą prawdziwego krzewu winnego. Życie Jezusa płynie przeze mnie (Jana 15,1,5)
Jestem wybrany i przeznaczony przez Boga, aby przynosić owoce (Jana 15,16)
Jestem osobistym, umocnionym przez Ducha świadkiem Chrystusa (Dzieje 1,8)
Jestem świątynią Boga (1Koryntian 3,16)
Jestem sługą pojednania z Bogiem (2Koryntian 5,17 21)
Jestem Bożym współpracownikiem (2Koryntian 6,1)
Zostałem posadzony wraz z Chrystusem na wysokościach nieba (Efezjan 2,6)
Jestem dziełem Boga, stworzonym do dobrych uczynków (Efezjan 2,10)
Mogę odważnie i z ufnością zbliżać się do Boga (Efezjan 3,12)
Wszystko mogę przez Chrystusa, który mnie umacnia! (Filipian 4,13)

Nie jestem wielkim „Ja jestem", ale dzięki łasce Boga jestem tym, kim jestem. (Zob. Wyjścia 3,14; Jana 8,24, 28, 58; 1Koryntian 15,10.)

UTRZYMANIE WOLNOŚCI

Doświadczanie wolności w Chrystusie jest ekscytujące, ale to, co zdobyłeś musisz utrzymać. Wygrałeś ważną bitwę, ale wojna trwa nadal. Aby utrzymać swoją wolność w Chrystusie i wzrastać w Bożej łasce, jako uczeń Jezusa, musisz wciąż odnawiać swój umysł w prawdzie Bożego Słowa. Jeśli uświadomisz sobie, że nadal wierzysz w kłamstwa, wyrzeknij się ich i wybierz prawdę. Jeśli pojawią się kolejne bolesne wspomnienia, przebacz tym, którzy cię zranili i wyrzeknij się jakiegokolwiek swojego grzesznego udziału. Wielu decyduje się jeszcze raz samodzielnie przejść przez Kroki do wolności w Chrystusie, aby upewnić się, że każda kwestia została rozwiązana. Często pojawiają się nowe sprawy. Ten proces możesz wykorzystywać regularnie w ramach „wiosennych porządków".

Czasami po przejściu przez Kroki niektórzy mają myśli: Nic na prawdę się nie zmieniło, Jesteś tą samą osobą, którą zawsze byłeś lub To nie działa. W większości przypadków powinniśmy je po prostu zignorować. Nie zostaliśmy powołani do rozpraszania ciemności, ale do tego, aby zwrócić się ku światłu. Nie pozbędziesz się negatywnych myśli karcąc każdą z nich, ale pokutując i decydując się wierzyć prawdzie.

We wstępie prosiliśmy, żebyś zapisał wszystkie błędne przekonania i kłamstwa, które się ujawnią w trakcie Kroków. Przez kolejne 40 dni pracuj z tą listą mówiąc: Wyrzekam się (kłamstwa, w które uwierzyłeś) i ogłaszam prawdę, że (to, w co decydujesz się wierzyć w oparciu o Boże Słowo).

Zachęcam cię, żebyś przeczytał „Zwycięstwo nad ciemnością" i „Kruszący kajdany", jeśli jeszcze tego nie zrobiłeś albo żebyś przerobił Kurs Wolności w Chrystusie. Aby nadal wzrastać w łasce Bożej proponuję, żebyś:

1. Pozbył się lub zniszczył wszystkie przedmioty z wiązane z kultem lub okultyzmem, które masz w domu. (Dzieje 19,18–20.)
2. Przyłączył się do kościoła, w którym Boża prawda jest nauczana z łagodnością i łaską i zaangażował się w małą grupę, gdzie będziesz mógł być szczery i nie udawać.
3. Każdego dnia czytał i rozważał Boże Słowo.
4. Nie pozwolił swojemu umysłowi być biernym, szczególnie jeśli chodzi o to, czego słuchasz i co oglądasz (na przykład Internet, muzyka, TV). Aktywnie bierz każdą myśl w niewolę, ku posłuszeństwu Chrystusowi.
5. Bądź dobrym zarządcą swojego zdrowia i wypracuj sobie Boży styl życia, odpoczynku, ćwiczeń i właściwej diety.
6. Codziennie przez kolejne 40 dni módl się poniższą modlitwą razem z innymi modlitwami, których będziesz potrzebował.

CODZIENNA MODLITWA I DEKLARACJA

Drogi Ojcze w niebie, uwielbiam Cię i oddaję cześć, jako memu Panu i Zbawicielowi. Ty masz wszystko pod kontrolą. Dziękuję Ci, że zawsze jesteś ze mną i nigdy mnie nie i nie opuścisz. Jesteś jedynym, wszechmocnym i mądrym Bogiem. Jesteś łagodny i kochający na wszystkich swych drogach. Kocham Cię i dziękuję Ci, że jestem zjednoczony z Chrystusem i w duchu żyję w Nim. Decyduję się nie kochać świata i rzeczy ze świata. Krzyżuję moje ciało i jego pożądania.

Dziękuję Ci za życie, jakie mam teraz w Chrystusie. Proszę, abyś napełnił mnie Duchem Świętym, abym był prowadzony przez Ciebie i nie spełniał pożądliwości ciała. Ogłaszam całkowitą zależność od Ciebie i sprzeciwiam się szatanowi i jego kłamliwym drogom. Decyduję się wierzyć prawdzie Słowa Bożego niezależnie od moich uczuć. Decyduję się nie poddawać zniechęceniu, Ty jesteś Bogiem nadziei. Nic nie jest dla Ciebie zbyt trudne. Jestem pewien, że zaspokoisz moje wszystkie potrzeby, gdy będę starał się żyć zgodnie z Twoim Słowem. Dziękuję Ci, że mogę być zadowolony i prowadzić odpowiedzialne życie poprzez Chrystusa, który mnie umacnia.

Sprzeciwiam się szatanowi i nakazuję mu i wszelkim jego złym duchom odejść ode mnie. Decyduję się nałożyć pełną zbroję Bożą tak, abym mógł twardo stać i sprzeciwić się wszelkim planom diabelskim. Oddaję Tobie moje ciało, jako żywą i świętą ofiarę i decyduję się odnawiać mój umysł poprzez Twoje żywe Słowo. Czyniąc tak, będę mógł udowodnić, że Twoja wola wobec mnie jest dobra, przyjemna i doskonała. Modlę się w imieniu mojego Pana i Zbawiciela Jezusa Chrystusa. Amen.

MODLITWA PRZED SNEM

Dziękuję Ci Panie, że przywiodłeś mnie do swej rodziny i dałeś mi wszelkie błogosławieństwa duchowe na wyżynach niebieskich w Chrystusie Jezusie. Dziękuję ci za czas odświeżenia i odnowy poprzez sen. Akceptuję go, jako jedno z Twoich błogosławieństw dla Twoich dzieci i ufam, że będziesz strzegł mojego umysłu i ciała we śnie.

Tak, jak myślałem o Tobie i Twojej prawdzie w ciągu dnia, chcę by te dobre myśli trwały w moim umyśle też we śnie. Oddaję się pod Twoją ochronę przed wszelkimi atakami szatana i jego demonów w czasie snu. Strzeż mojego umysłu od koszmarów. Odrzucam wszelki strach i zrzucam na Ciebie wszelki niepokój. Oddaję się Tobie, jako mojej skale, moja twierdzo i wieża warowna. Niech Twój pokój strzeże tego miejsca odpoczynku. Modlę się w mocnym imieniu Jezusa Chrystusa. Amen.

MODLITWA O DUCHOWE OCZYSZCZENIE DOMU/MIESZKANIA /POKOJU

Po usunięciu i zniszczeniu wszelkich obiektów fałszywych religii, módl się **na głos**, w każdym pokoju:

Drogi Ojcze w niebie, uznaję, że ty jesteś Panem nieba i ziemi. W swojej suwerennej mocy i miłości powierzyłeś mi wiele rzeczy. Dziękuję Ci za miejsce do życia. Przejmuję mój dom, to miejsce bezpieczeństwa duchowego dla mnie i mojej rodziny i proszę o ochronę przed wszelkimi atakami przeciwnika. Jako dziecko Boże, posadzone na wyżynach niebieskich z Chrystusem, nakazuję każdemu złemu duchowi, który rości sobie prawo do tego miejsca na podstawie działań poprzednich lub obecnych mieszkańców, w tym mnie i mojej rodziny, aby je opuścił i nigdy nie wracał. Sprzeciwiam się wszelkim demonicznym knowaniom skierowanym przeciwko temu miejscu. Proszę Cię Ojcze w niebie, postaw swoich świętych i walecznych aniołów na straży tego miejsca, aby żaden przeciwnik nie wszedł do niego i nie zaburzał Twoich zamiarów wobec mnie i mojej rodziny. Dziękuję Ci Panie za działanie w imieniu Pana Jezusa Chrystusa. Amen.

MODLITWA ZA ŻYCIE W NIECHRZEŚCIJAŃSKIM ŚRODOWISKU

Po usunięciu wszelkich posiadanych obiektów fałszywych religii, módl się **na głos**, tam gdzie mieszkasz:

Dziękuję Ci Ojcze w niebie za miejsce do życia i odświeżenia przez sen. Proszę Cię o odłączenie tego pomieszczenia (lub jego części), jako miejsca duchowego bezpieczeństwa dla mnie. Wyrzekam się wszelkich związków z innymi mieszkańcami tego miejsca, z fałszywymi bóstwami lub duchami. Odrzucam każde roszczenie do tego pomieszczenia (przestrzeni) **przez szatana na podstawie działań byłych lub obecnych mieszkańców, w tym moich.** Na podstawie mojego statusu dziecka Bożego oraz współdziedzica z Chrystusem, który ma wszelką władzę w niebie i na ziemi, nakazuję wszystkim złym duchom opuścić to miejsce i nigdy nie wracać. Proszę Cię Ojcze w niebie, postaw swoich świętych aniołów, aby chronili mnie w trakcie mojego pobytu tutaj. Modlę się w potężnym imieniu Jezusa. Amen.

DODATEK A
ODRZUCENIE KULTU SZATANA

Szatan jest bogiem tego świata. Sataniści uwielbiają go w tajnych stowarzyszeniach i ceremoniach. Spotykają się między północą a trzecią rano, kiedy to wysyłane są hordy demonów, aby terroryzować, zwodzić i niszczeć bezbronnych. Jeśli chrześcijanin nagle budzi się o trzeciej nad ranem lub odczuwa wszechogarniające przerażenie, może natychmiast taki atak przerwać, poddając się Bogu i stawiając opór diabłu – w takiej kolejności (Jakuba 4:7). Oręż nasz nie jest cielesny, więc fizyczne próby powstrzymania ataku mogą okazać się nieskuteczne. Bóg zna nasze myśli, więc zawsze możemy Mu się poddać wewnętrznie i natychmiast będziemy wolni, żeby wezwać imienia Pana i zostać wybawieni. Musisz tylko powiedzieć: Jezu, ale musisz to wypowiedzieć, dlatego też najpierw musisz poddać się Bogu.

Ludzie, którzy byli wykorzystani podczas satanistycznych rytuałów często kształtują w sobie alternatywną osobowość, aby poradzić sobie z traumą. Nie żyją w niewoli traumy, ale w niewoli kłamstw, w które uwierzyli z powodu tej traumy. Te kłamstwa są głęboko zakorzenione i muszą się ich wyrzec, żeby prawda mogła ich uwolnić. Szatańskie rytuały są podróbką chrześcijańskiego uwielbienia. Ludzie, którzy padli ich ofiarą mogą rozpocząć proces uzdrowienia przez wyrzeczenie się szatańskich kłamstw i knowań oraz deklarację prawdziwego chrześcijańskiego uwielbienia w następujących słowach:

Wyrzekam się oddania mojego imienia szatanowi, przez siebie lub innych.

Ogłaszam, że moje imię jest teraz zapisane w Księdze Życia Baranka (Apokalipsa 3,5; 20,15).

Wyrzekam się wszelkich rytuałów zaślubin z szatanem.

Ogłaszam, że jestem oblubienicą Chrystusa (Efezjan 5,32; Apokalipsa 19,7).

Wyrzekam się wszelkich przymierzy, jakie zawarłem z szatanem.

Ogłaszam, że żyję w Chrystusie i pod nowym przymierzem łaski (2Koryntian 3,6).

Wyrzekam się wszelkich satanistycznych zobowiązań dotyczących mojego życia, małżeństwa czy dzieci.

Ogłaszam, że oddaję się poznaniu i czynieniu wyłącznie woli Bożej (Mateusza 7,21–23).

Wyrzekam się wszelkich przypisanych mi duchów przewodników.

Przyjmuję jedynie prowadzenie Ducha Świętego (1Jana 4,1–6).

Wyrzekam się oddania mojej krwi na służbę szatana.

Ufam jedynie krwi przelanej przez Pana Jezusa Chrystusa dla mojego zbawienia (Apokalipsa 1,5).

Wyrzekam się jedzenia ciała i picia krwi w obrzędach satanistycznych.

Uznaję tylko ciało i krew Pana Jezusa Chrystusa w Komunii Świętej (1Koryntian 10,14–21).

Wyrzekam się wszelkich duchów strażników oraz szatańskich rodziców, którzy mi zostali przypisani.

Ogłaszam, że Bóg jest moim Ojcem, a Duch Święty jest moim Stróżem, którym zostałem opieczętowany.

Wyrzekam się wszelkich chrztów, w których utożsamiałbym się z szatanem.

Ogłaszam, że zostałem ochrzczony w Jezusa Chrystusa (1Koryntian 12,13).

Wyrzekam się wszelkich ofiar uczynionych w moim imieniu, przez które szatan mógłby żądać prawa własności do mnie.

Ogłaszam, że jedynie ofiara Chrystusa ma do mnie prawo. Należę do Jezusa.

Ci, którzy zostali wykorzystani podczas rytuałów powoli będą odzyskiwać pamięć. Kiedy pojawią się wspomnienia, zawsze będzie coś, czego trzeba się będzie wyrzec lub ktoś, komu trzeba będzie wybaczyć. Jeśli podejrzewasz, że byłeś pod wpływem szatańskiej aktywności lub masz zaniki pamięci, skorzystaj z powyższej listy wyrzeczeń, aby ustalić źródło problemu.

DODATEK B
SZUKANIE PRZEBACZENIA INNYCH

Jezus powiedział, „Jeśli przyniesiesz swój dar, by złożyć go na ołtarzu i przypomnisz sobie, że twój brat ma coś przeciwko tobie, zostaw swój dar przed ołtarzem, idź i pojednaj się najpierw ze swoim bratem, a potem wróć i złóż swój dar. Szukaj szybko zgody ze swoim przeciwnikiem..." (Mateusza 5,23–25a). Jeśli ktoś cię zranił, przyjdź z tym do Boga. Nie musisz iść do sprawcy, żeby mu przebaczyć, w wielu przypadkach nie byłoby to wskazane. Kwestia wybaczenia komuś jest sprawą przede wszystkim pomiędzy tobą, a Bogiem. Jednakże, jeśli ty zraniłeś kogoś, powinieneś iść, prosić o wybaczenie i zadośćuczynić, jeśli jest to konieczne. Poniższe kroki pomogą nam, jeśli potrzebujemy czyjegoś przebaczenia:

1. Upewnij się, że to, co zrobiłeś było złe i dlaczego było złe.
2. Upewnij się, że przebaczyłeś innym całą krzywdę, którą ci wyrządzili.
3. Przemyśl dokładnie, w jaki sposób poprosisz ich o przebaczenie.
4. Przyznaj, że to, co zrobiłeś byłe złe.
5. Bądź konkretny i przyznaj się do tego, co zrobiłeś.
6. Nie zasłaniaj się wymówkami, ani nie próbuj się bronić.
7. Nie zrzucaj winy na innych.
8. Nie oczekuj, by inni prosili o twoje przebaczenie, ani nie kieruj się tym.
9. Twoje wyznanie ma prowadzić do prostego pytania: „Czy mi przebaczysz?"
10. Szukaj właściwego miejsca i czasu, ale im szybciej, tym lepiej.
11. Proś o wybaczenie osobiście, twarzą w twarz.
12. Raczej nie załatwiaj sprawy listownie, chyba, że nie ma innej możliwości. List może zostać opatrznie zrozumiany, osoby trzecie mogą go przeczytać lub może zostać wykorzystany przeciwko tobie w sądzie.

"Jeśli to możliwe, o ile to od was zależy, zachowujcie pokój ze wszystkimi ludźmi" (Rzymian 12,18), ale nie zawsze to od nas zależy. Jeśli druga osoba nie chce pojednania, nie dojdzie do niego. Pojednanie pomiędzy dwojgiem ludzi wymaga pokuty i przebaczenia z obu stron. Rzadko kiedy wina leży tylko po jednej stronie. Jednak, jeśli przebaczyłeś drugiej osobie i szczerze prosiłeś ją o wybaczenie, uczyniłeś wszystko, czego Bóg od ciebie oczekuje. Miej pokój w Bogu.

MODLITWA O ODBUDOWĘ ZERWNYCH RELACJI

Drogi Ojcze w niebie, wyznaję i pokutuję z moich grzechów przeciwko bliźniemu (współmałżonkowi, rodzicom, dzieciom, krewnym, przyjaciołom, sąsiadom lub braciom czy siostrom w Chrystusie). **Dziękuję Ci za Twoje przebaczenie, wybaczam im to, co mi zrobili i decyduję nie mieć im tego za złe w przyszłości. Proszę, błogosław im i pomóż im żyć z konsekwencjami mojego grzechu przeciwko nim. Modlę się, żebyś uzdrowił rany, które zadał im mój grzech. O to samo proszę dla siebie - żebym został uwolniony od konsekwencji ich grzechu. Daj mi proszę łaskę, abym żył z konsekwencjami bez zgorzknienia. Proszę Cię, uzdrów moje rany i uwolnij mnie tak, abym mógł żyć w pokoju z bliźnimi i z Tobą. Modlę się w imieniu Jezusa. Amen.**

DODATEK C
POKONANIE STRACHU

Strach jest daną nam przez Boga naturalną reakcją, kiedy zagrożone jest nasze fizyczne lub psychiczne bezpieczeństwo. Strach ma zawsze jakiś obiekt, kogoś lub coś. Obiekt ten musi być zarówno obecny jak i skuteczny, aby był postrzegany, jako mający władzę nad nami. Jeśli chociaż jeden z tych atrybutów zostaje wyeliminowany, przestaje on być obiektem strachu.

Prawie każdy rodzaj strachu związany jest ze strachem przed śmiercią, ludźmi lub szatanem. Śmierć jest nadal obecna w naszym życiu w tym sensie, że jest ona nieuchronną koniecznością, ale już nie ma władzy (1Koryntian 15:54-55). Wierzący, który fizycznie umiera, nadal żyje duchowo i jest pełen Bożej obecności. Paweł napisał: „Dla mnie bowiem życie to Chrystus, a śmierć to zysk." (Filipian 1,21).

Ludzie mogą nam grozić, ale Jezus powiedział: „Nie bójcie się tych, którzy zabijają ciało, lecz duszy zabić nie mogą. Bójcie się raczej tego, który duszę i ciało może zatracić w Gehennie." (Mateusza 10,28). „Kto was skrzywdzi, jeśli gorliwie będziecie zabiegać o dobro? A jeśli nawet cierpielibyście z powodu sprawiedliwości, będziecie szczęśliwi. Nie bójcie się ich gróźb i nie dajcie się zastraszyć. Pana zaś, Chrystusa, uświęćcie w waszych sercach..." (1Piotra 3,13–15).

Szatan krąży jak głodny lew ryczący, ale został już rozbrojony (Kolosan 2,15). Ludzie często bardziej boją się diabła niż Boga, co wywyższa szatana, jako bardziej godnego uwielbienia. Bojaźń Pana jest początkiem mądrości. To On jest największym obiektem strachu, ponieważ jest wszechobecny i wszechmocny. „Nie nazywajcie spiskiem wszystkiego, co ten lud nazywa spiskiem, a czego on się lęka, wy się nie lękajcie i nie bójcie! PANA Zastępów – Jego uważajcie za Świętego, On niech będzie powodem waszego lęku, On niech będzie powodem waszej bojaźni! On stanie się świątynią..." (Izajasza 8,12–14).

Odwaga nie jest brakiem strachu. Odwaga to decyzja, aby żyć życiem wiary i robić to, co jest właściwe, nawet w obliczu obiektów strachu. Za każdym nieracjonalnym strachem kryje się kłamstwo, które musi zostać zidentyfikowane. Poproś Pana, aby objawił ci naturę twoich lęków i nieracjonalnych kłamstw, które je wywołują. Użyj następującej modlitwy:

Drogi Ojcze w niebie, wyznaję, że pozwoliłem żeby strach kontrolował moje życie. Dziękuję za Twoje przebaczenie. Decyduję się wierzyć, że nie dałeś mi ducha bojaźni, ale mocy, miłości i trzeźwego myślenia (2Tymoteusza 1,17). Wyrzekam się każdego ducha strachu działającego w moim życiu i proszę, objaw mi wszystkie lęki kontrolujące moje życie i stojące za nimi kłamstwa. Pragnę żyć wierząc w to, co Ty powiedziałeś, że jest prawdą w mocy Ducha Świętego. Modlę się w imieniu Jezusa. Amen.

- ❑ Strach przed śmiercią
- ❑ Strach przed tym, że nie doświadczymy miłości i nie będziemy kochać
- ❑ Strach przed szatanem
- ❑ Strach przed zawstydzeniem
- ❑ Strach przed porażką
- ❑ Strach przed byciem ofiarą
- ❑ Strach przed odrzuceniem przez ludzi
- ❑ Strach przed małżeństwem
- ❑ Strach przed dezaprobatą
- ❑ Strach przed rozwodem
- ❑ Strach, że się jest lub zostanie homoseksualistą
- ❑ Strach przed obłędem
- ❑ Strach przed problemami finansowymi

- ❏ Strach przed śmiercią i bólem
- ❏ Strach przed tym, że nigdy nie wyjdę za mąż / nie ożenię się
- ❏ Strach przed przyszłością
- ❏ Strach przed śmiercią ukochanej osoby
- ❏ Strach przed konfrontacją
- ❏ Strach, że jest się przypadkiem beznadziejnym
- ❏ Strach przed konkretnymi osobami (wymień je)

_____

_____

_____

- ❏ Strach przed utratą zbawienia
- ❏ Strach, że nie jest się kochanym przez Boga
- ❏ Strach przed popełnieniem niewybaczalnego grzechu
- ❏ Inne konkretne lęki, które przychodzą ci na myśl

_____

_____

_____

Panie Jezu, pozwoliłem, żeby strach (nazwij obiekt strachu) kontrolował moje życie. Wierzyłem, że (wypowiedz kłamstwo, w które wierzyłeś). **Wyrzekam się wszystkich nieracjonalnych lęków i kłamstw, które za nimi stoją. Decyduję się żyć z wiary i wyznaję, że tylko Ty jesteś jedynym prawowitym obiektem strachu w moim życiu. Modlę się w imieniu Jezusa. Amen.**

PRZEANALIZUJ SWÓJ STRACH I OPRACUJ ODPOWIEDZIALNY PLAN:

Kiedy doświadczyłeś strachu po raz pierwszy i jakie zdarzenia miały miejsce wcześniej? Uświadomienie sobie tych zdarzeń może pomóc odkryć podstawę twoich lęków. Strach jest potężnym motywatorem, zarówno ku dobremu jak i ku złemu. „Wiedząc zatem, co to jest bojaźń Pana, przekonujemy ludzi." (2Koryntian 5,11).

W jaki sposób strach:

1. Powstrzymywał cię przed wykonaniem tego, co jest właściwe i odpowiedzialne?
2. Zmuszał cię do robienia tego, co niewłaściwe i do nieodpowiedzialnego zachowania?
3. Kompromitował twoje świadectwo?

Kiedy już przeanalizowałeś swój strach, następnym krokiem jest opracowanie planu odpowiedzialnego zachowania. Na początku mogą to być malutkie kroczki. Pomocne może okazać się też poproszenie zaufanego przyjaciela o pomoc w zrobieniu pierwszego kroku. Nie nastawiaj się na porażkę. Z wyprzedzeniem określ jaka będzie twoja reakcja w razie konfrontacji z każdym obiektem strachu. W końcu, zaangażuj się w wykonanie planu. Zrób to, czego się boisz, a śmierć strachu jest pewna. Kluczem do lekarstwa jest poświęcenie.

Jak odnieść sukces

Nikt nie powstrzyma cię przed udanym życiem w Bożym Królestwie, jeśli będziesz przestrzegał tych trzech zasad:
1. Zaangażuj się w poznawanie Boga i Jego dróg (Jozuego 1, 7-8)
2. Stań się osobą, jaką Bóg cię stworzył, żebyś był (Filipian 3,12–14).
3. Bądź dobrym zarządcą czasu, talentów i skarbów, które Bóg ci powierzył (1Koryntian 4,1–2).

DODATEK D
POKONANIE NIEPOKOJU

Niepokój różni się od strachu tym, że nie ma jasnego obiektu, którego się boimy. Ludzie są niespokojni ponieważ nie mają pewności co do rezultatu, albo nie wiedzą, co przyniesie jutro. Troszczenie się o to, co jest dla nas cenne jest normalne. Gdybyśmy się nie troszczyli , byłoby to zaniedbanie. Dla niektórych problemem jest intensywność lub regularność z jaką doświadczają niepokoju. Biblia napomina nas, żebyśmy przerzucili wszelką troskę na Jezusa (1Piotra 5,7).

Rdzeniem słowa niepokój w Biblii jest „rozdwojony umysł". Pierwszym krokiem do tego, żeby mieć nierozdwojony umysł jest modlitwa. „O nic się nie troszczcie, ale w każdej modlitwie i błaganiu powierzajcie z dziękczynieniem wasze pragnienie Bogu."(Filipian 4,6). W poniższej modlitwie poproś Boga, żeby przeprowadził cię przez te kroki do pokonania niepokoju.

Drogi Ojcze w niebie, jestem Twoim dzieckiem, kupionym krwią Pana Jezusa Chrystusa. Jestem od Ciebie całkowicie zależny i potrzebuję Ciebie. Wiem, że bez Jezusa nic nie mogę. Znasz moje myśli i zamiary mojego serca i znasz moje położenie, od początku do końca. Czuję, jakbym miał rozdwojony umysł i potrzebuję, aby twój pokój strzegł mojego serca i umysłu. Korzę się przed Tobą i decyduję, abyś Ty mnie wywyższał we właściwym czasie tak, jak zechcesz. Składam ufność w Tobie, że zaspokoisz wszelkie moje potrzeby, zgodnie z Twoim bogactwem w chwale, w Chrystusie Jezusie i poprowadzisz mnie do całej prawdy. Proszę prowadź mnie tak, abym spełnił moje powołanie do życia odpowiedzialnego poprzez wiarę w mocy Twojego Ducha Świętego. "Przeniknij mnie, Boże, poznaj moje serce, doświadcz mnie i poznaj moje myśli. Zobacz, czy nie idę drogą niegodziwą, poprowadź mnie swą drogą odwieczną." (Psalm 139, 23, 24). Modlę się w cennym imieniu Jezusa. Amen.

ROZWIĄŻ WSZELKIE OSOBISTE I DUCHOWE KONFLIKTY

Celem Kroków do wolności w Chrystusie jest pomóc ci poddać się Bogu i sprzeciwić diabłu przez pokutę i wiarę w Boga. Wtedy „pokój Boży, który przewyższa wszelkie zrozumienie, będzie strzegł serc i myśli waszych w Chrystusie Jezusie" (Filipian 4,7). Pokuta oznaczę zmianę myślenia. Zamartwiający się ludzie zmagają się z myślami pełnymi niepokoju. Ponieważ „Duch zaś wyraźnie mówi, że w ostatecznych czasach niektórzy odejdą od wiary, dając posłuch zwodniczym duchom i naukom demonów…" (1Tymoteusza 4,1) koniecznie musimy stawić opór diabłu i założyć zbroję Bożą. Jeśli będziesz zwracał uwagę na zwodnicze duchy, będziesz osobą o rozdwojonym umyśle.

ZDEFINIUJ PROBLEM

Jasne postawienie problemu to połowa jego rozwiązania. Ludzie niespokojni nie widzą lasu spoza drzew więc zacznij od postawienia problemu w odpowiedniej perspektywie. Czy w perspektywie wieczności będzie to miało jakieś znaczenie? Nadmierny niepokój jest często bardziej szkodliwy dla nas niż negatywne skutki, których się obawiamy.

ODDZIEL FAKTY OD PRZYPUSZCZEŃ

Można bać się faktów, nie będąc jednocześnie niespokojnym. Kiedy nie wiemy, co się wydarzy, mamy tendencje do snucia przypuszczeń, a zazwyczaj spodziewany się najgorszego. Niewiele dobrego nas spotka jeśli będziemy działać w oparciu o te przypuszczenia.

OKREŚL DO CZEGO MASZ PRAWO I CO JESTEŚ W STANIE KONTROLOWAĆ

Jesteś odpowiedzialny tylko za to, co masz prawo i możliwość kontrolować. Nie odpowiadasz za pozostałe rzeczy. Twoje poczucie wartości związane jest tylko z tymi rzeczami, za które odpowiadasz. Jeśli nie żyjesz odpowiedzialnie, powinieneś odczuwać niepokój. Nie próbuj przerzucić odpowiedzialności na Chrystusa – otrzymasz ją z powrotem. Przerzuć jednak na Niego swój niepokój, Jego prawość oznacza, że musi zaspokoić twoje potrzeby, jeśli będziesz prowadził odpowiedzialne i prawe życie (Mateusza 6,19–33).

WYPEŁNIJ SWOJĄ ODPOWIEDZIALNOŚĆ

Wypisz wszystko, co możesz zrobić, żeby wypełnić swoją odpowiedzialność w danej sytuacji, a potem przyłóż się do działania (Izajasza 32,17).

RESZTA ODPOWIEDZIALNOŚCI JEST PO STRONIE BOGA.

Zostało nam tylko modlić się i skupić na prawdzie zgodnie z Filipian 4,6–8. Jeśli pozostał jeszcze jakiś niepokój to najprawdopodobniej związany jest z tym, że bierzesz na siebie odpowiedzialność, której Bóg nigdy dla ciebie nie zamierzał.

DODATKOWE MATERIAŁY, KTÓRE POMOGĄ CI STAĆ SIĘ OWOCNYM UCZNIEM

Misja Freedom in Christ Ministries dysponuje różnymi publikacjami, które pomogą ci na drodze uczniostwa. Szczegółowe informacje znajdują się na naszej stronie internetowej, a poniżej podajemy listę tytułów :

„Zwycięstwo nad ciemnością" (Anderson, Wydawnictwo „Pojednanie")

"Kruszący kajdany" (Anderson, Wydawnictwo „Pojednanie")

„Droga przez ciemności" (Anderson, Wydawnictwo „Pojednanie")

„Wytupywanie ciemności" (Anderson & Park, Wydawnictwo „Vocatio")

„Modlitwa w mocy Ducha" (Anderson, Wydawnictwo „Dobry Skarbiec.pl")

DODATKOWE MATERIAŁY, ABY POMÓC INNYM STAĆ SIĘ UCZNIAMI PRZYNOSZĄCYMI OWOCE

Misja Freedom In Christ Ministries ma na celu wyposażać liderów kościoła tak, aby czynili innych owocnymi uczniami, którzy będą mieć realny wpływ.

Kościoły mogą skorzystać z kilku kursów:

„Kurs Uczniostwo Wolność w Chrystusie" (Anderson & Goss):

Podręcznik Prowadzącego, ISBN 978- 913082-09-3

Podręcznik Uczestnika, ISBN 978-1-913082-10-9

"Kurs Łaski" (Goss, Miller & Graham)

Aby znaleźć najbliższe biuro Freedom In Christ Ministries odwież stronę:

www.freedominchrist.org.

Przekład:

Jurek Gurycz
Asia Janisz

Redakcja:

James Harris

Korekta:

Beatka Karaszewska

ISBN 978-1-913082-11-6

Copyright Wydania polskiego: ©2021 by Freedom in Christ Ministries International

na licencji

Freedom In Christ Ministries International
4 Beacontree Plaza, Gillette Way,
Reading RG2 0BS, United Kingdom.

Jeżeli nie zaznaczono inaczej, cytaty z Pisma Świętego zaczerpnięto z Biblii Ekumenicznej –wydanie 1, ©Towarzystwo Biblijne w Polsce, 2017. Cytaty z „Biblia, to jest Pismo Święte Starego i Nowego Przymierza, Wydanie Pierwsze", ©2016 Ewangeliczny Instytut Biblijny oraz ©Liga Biblijna w Polsce, oznaczono skrótem EIB.